田口 壮

# 野球・二軍の謎

GS 幻冬舎新書 451

# はじめに――二軍監督は「中間管理職」

プロ野球の「監督」といえば、全権を背負い、チームという世界を動かしているトップの人間というイメージがあります。しかし「全権掌握《しょうあく》」がすなわち「独裁」ではなく、監督はあくまでもチームの一部として、全体の意見や方向性を鑑《かんが》みながら意思決定していく立場のひとりです。

そんな中でも一軍監督はその方の持ち味なり、野球観をチーム作りに反映させていきますが、これが二軍となれば、仕事の核は「一軍の方向性を選手に浸透させる」「一軍と二軍の意思疎《そ》通《つう》を円滑にする」「一軍の戦力になる選手を育て、供給する」の3点となり、自分の意思・意見でチームの方向性を決める、ということはほぼありません。

僕は大学を卒業してそのままプロの世界に入ったため、サラリーマンの経験はありませんが、一般企業で働く友人たちの話から見えてくる**「中間管理職」という立場が、もしかしたら二軍監督に一番近い**ものかなと想像しています。

現役時代は選手として、チームプレーを意識しつつも、突き詰めれば最後はやっぱり自分中心であり、それを軸に世の中が回っていました。体調管理も、自分がまず万全であることのみが大切でした。

引退後、NHKの解説者として3年を過ごした間も、客観的な見方を心がけていましたが、あくまでも持論が中心でしたし、誰かの意思によって論調が変わることもありませんでした。テレビやラジオの中継や放送も、野球と同じくらいチームワークが大事とはいえ、僕が周囲に気を遣《つか》う以上に、スタッフのみなさんが僕に気を遣ってくれました。

ですから、**二軍監督としてオリックスに「就職」してはじめて、僕は組織の中での立場や状況を考えつつ、あちらやこちらと物事を調整しながら動く、という経験をした**のです。47歳にして、おそらく社会人の誰もが当たり前にやってきたことを遅ればせながら始めたと言えます。

そこで改めて実感したのは、先に述べたように「監督」と名のつく役職が、必ずしもすべての権限を持っているわけではない、という現実でした。

たとえば選手の起用。試合のラインアップを組む場合、その作業を僕の意思のみで行うことはほぼありません。僕はあくまでも「二軍という組織を任されている人々の中のまとめ役」であり、「俺がこうしたいんだからこうや！」などということは起こらず、各コーチの意見を聞き、助言を受けることでようやく試合のオーダーも決まります。プロ野球におけるチームプレーは、実は選手がグラウンドで見せるものだけではなく、監督とコーチ陣、総じては球団と現場の人間の意思疎通においても必要なものなのです。

　こうして組み上がっていく**「スターティングラインアップ」に一番影響を与えるのが一軍からの指令**です。

　二軍にも勝敗がかかっています。しかし、一軍からの要請は絶対であり優先すべきことで、たとえば「今日からA選手を一軍に上げてくれ」という要請が来たら、彼の存在が今日の二軍の勝敗に大きく影響を与えるとしても、送り出さなければなりません。A選手の状態が完璧ではなく、もう少し二軍での調整が必要だったとしても同じことです。逆に一軍での出場機会が少ないために「二軍で試合勘をキープさせたい」と、急遽《きゅうきょ》、一軍の選手が入ってくることもあり、それによって、本来出場予定だった二軍選手は、自動的にチャンスを失うことになります。

　このように、チーム事情は一軍次第でいかようにも変わっていくし、その中で**いかに人材を育て、自分たちも勝つか、という部分が二軍の試合の難しさでもあり、醍醐味《だいごみ》でもある**のです。

　さらに、僕ら二軍の試合はほぼデーゲームです。

　試合を終えて家に帰ってから、夕飯中に一軍の試合をテレビで見るのも大切な仕事。自分たちが送り込んだ選手の動きひとつひとつをチェックして、再び落ちてきたときの参考とします。一軍の状態を見ながら、今後の展開を想定して、二軍運営に反映させるのです。

　そんなことばっかり考えながら食事をしているので、一緒に食卓を囲んでいる家族との会話は、ほぼ上の空です。

「パパー、今日学校でね」

「うんうん、今日パパも試合中になあ」

などと、思いっ切り息子の話をぶった切る父親。

「大事な話みたいだから、聞いてあげたほうが……」

と言うヨメに、

「大事といえば！　今日球場でなあ」

と続ける夫。一瞬でふたり、黙る。

食事が終わる頃からは、電話での打ち合わせが入ることもあり、そのあとは頭の中が野球でいっぱい。同じ屋根の下にいるというのに、まともな会話をするチャンスがありません。僕のせいといえば僕のせいなのですが、もともと「家庭に仕事を持ち込むタイプ」なので、頭の切り替えができないのです。

こんなふうに、シーズン中は家族とゆっくり話す機会がほとんど持てず、夫として、父親としての役割は野球の二の次、三の次となります。ですから、現場だけではなく、家庭でもやはり、チームである家族の理解と協力は不可欠でしょう。

そんなヨメと息子の強制的協力をバネに、手塩にかけて送り出した選手たちですが、二軍ではどれだけ生き生きと活躍できていても、一軍に上がるとその雰囲気に飲まれて、本来の力を出せないことがままあります。たとえ爆発的に活躍しても、線香花火のように一瞬の輝きを放ったのち、しゅるるるる、と電池切れしてしまうのがよくあるパターン。一軍に定着している選手は、体力、気力ともにタフだからこそ1年を通して戦えますし、二軍の選手にはその持久力が欠けています。そんな中で**自分のスタイルを崩し、悲しい顔で二軍に帰ってきてやり直しという積み重ねの中から、二軍の選手は生き残るための術《すべ》を身につけていく**のです。

先にも述べましたが、一軍のナイトゲームが終わると、もしくは試合の最中に、一軍のスタッフから湯気の立つような最新の情報が電話で寄せられます。試合が終われば、場合によっては夜中過ぎまで、翌日の一軍の試合に必要とされる補強についてコーチ陣と電話で話し合うこともあります。チームは生き物で、刻々と形を変えていきますから、それに対応するために、**二軍はどんなリクエストにも応じられる変幻自在な存在**でいなければなりません。

選手時代、特にアメリカでプレーしていた頃の僕は、自分のことを常にジグソーパズルにおいての「25番目のピース」だと思っていました。僕がベンチ入り25人の最後のひとりであるならば、チームがどんな状態となっても、最後の隙間に「求められた形になってぴたりとはまる」選手でありたいということです。二軍もそれと同じ。一軍が求める形に、いつだってぴたりとはまれるよう、準備を怠《おこた》ってはならないのです。

ところで、「便りのないのはいい便り」なんて言われますが、野球も同じです。たとえばトレーナーからの不意の電話のほとんどはインフルエンザなど病気の罹患《りかん》情報で、着信を見た瞬間「ああ、またひとり……」と不安な気持ちが高まります。検査結果なども知らせてくれるので、あまりに頻繁《ひんぱん》に僕に電話をしているせいか、ときどき、うっかりリダイヤル押しちゃった系の間違い電話もあり、それに気づかず歩き続けるトレーナーの足音が、えんえんと留守電に残っていたりするのですが……。

しかし、一軍から急ぎの連絡が来るときは、ほとんどがバッドニュースで、試合中にかかってくる電話がその最たるもの。携帯を持つ手に力がこもります。もっとも、選手個々の気持ちから言えば、一軍のピンチは虎視眈々《こしたんたん》と上を狙う二軍の選手にとって、自分が上がれるチャンスであったりもするのでしょうが、チーム全体として一軍の勝利を考えれば、痛し痒《かゆ》しという状況なのです。

二軍の動きは、一軍次第で日々変化していきます。それゆえに、「二軍は二軍」という、切り離された単独行動は絶対にあり得ません。二軍監督が「中間管理職」たるゆえんのひとつは、**常に上司（一軍）からの期待に応えられるよう準備をし、部下（コーチや選手たち）の状況を把握して、どちらにとっても仕事がしやすいように、臨機応変な調整役でいなければならない、**ということなのです。

プロ野球は特殊な世界と思われがちですが、その中にある人間関係は、一般社会とさほど変わらない部分も多々あります。どんな場合でも、複数の人間が力を合わせてひとつの目標に向かうとき、「組織の一員」としての動きが求められるものでしょう。だからこそ、僕も、いま本書を読んでくださっているあなたも、まったく異なる世界にいるようで、実は同じような悩みを抱えていたりするかもしれません。

この本で、はじめて中間管理職を経験する新人二軍監督の右往左往を紙上体験しながら、普段日の当たることのないプロ野球の二軍を少しでも身近に感じていただければ幸いです。

# プロ野球・二軍の謎／目次

編集協力　田口恵美子
図版・ＤＴＰ　美創

# 第一章 プロ野球の二軍は何をしているのか？

## 二軍とはどんな存在なのか

「はじめに」でも述べたように、プロ野球の二軍は独立独歩のチームではなく、一軍の勝利のために存在しています。球団における一軍と二軍の関係を、レストランと農場にたとえてみるとわかりやすいかもしれません。

オリックスの場合、一軍監督の福良淳一《ふくらじゅんいち》さんが、球団が経営するレストランの店主だとすれば、僕は直営農場を管理している責任者です。福良さんの**一軍レストランが大評判の人気店になるように、おいしい食材を育て、用意しておくのが仕事**です。

福良さんの店の冷蔵庫には、常に上質の食材が詰まっていますが、ときとして、「牛肉が足りない!」

「用意してあった立派なトマトに傷が入っていた!」

だからどうにか補給しろ、という緊急リクエストが入ります。僕はそれに対し、農場で大事に育てた食材を供給するのです。「土の状態はどうかな?」「ストレスはかかっていないかな?」「十分に日光を浴びているかな?」など、自信を持ってお勧めするために、日々、品質管理は怠りません。

そういったレストランからのリクエストは、意外とけっこうな頻度《ひんど》でもたらされるというのが、農場経営を1年間やってきたあとでの感想です。体感としては、**「今日は珍しくリクエストの電話がかかってこなかったなあ」と、思うくらいの頻度**と言ったらいいでしょうか。一軍レストランで、できる限り最高の料理を提供するためには、それほどたくさんの食材を必要とするのです。

逆に、農場側の僕から、

「福良さん！　いいアスパラガスがあるんですよー」

と、一押しの食材を売り込んだりもするのですが、

「いま、アスパラは足りてんねん。それより玉ねぎない？」

と、売り込みに失敗することも多々あります。それでもめげずに、

「いや、ホンマにおいしい！　おいしいんですってば！」

としつこく言い続けると、

「そうか……ならちょっと使ってみようか」

となることも、たまーにあります。ともかくこういったシステムが、二軍が「ファーム（農場）」と呼ばれるゆえんです。

## 一軍と二軍の違い

では、そもそも一軍と二軍の違いとはなんでしょう？

二軍監督に就任したとき、僕は自分がプロ野球界のシステムを正確に把握していなかったことを実感しました。たとえば「プロ野球選手が全員、プロ野球協約の詳細や正確なルールを知っているか？」と聞かれれば答えはノーですし、スコアは読めてもつけられない選手だっています。

しかし、選手ならまだしも、監督という立場でそれはアカンやろうということで、ここではしばらくの間、僕と一緒に「一軍と二軍の違い」を把握すべく（調べました）、少々説明的になる文章を読み進めていただけたらと思います。このあたりよーくご存知の方は26ページまで飛ばしてくださっても一向にかまいません。でも一生懸命調べたので、できたらお読みください。

日本のプロ野球界で言われる「一軍」とは、**「出場選手登録（一軍登録とも言います）」をされた選手で成り立つチーム**のことです。

「出場選手登録」に名を連ねることができるのは、**1球団につき最大で28人**です。

この28人のうち、実際にベンチ入りして試合に出場できるのは、**事前に指名された25人**になります。

ベンチから外れるのは、基本的にどの球団も、ローテーションの中で「上がり」と呼ばれる投手です。わかりやすく言うと、**その試合の前にすでに先発した3人。その日の試合には絶対に投げないことがわかっている投手**ということになります。

……いまのところ、ついてこられていますか？　大丈夫ですか？　僕にとってこのあたりまでは、調べなくてもわかっている範囲の情報です。しかし、野球のニュースで一軍の勝敗がわかったとしても、二軍の勝敗はおろか、「二軍ってなあに？」というところまでは追えないのが実情でしょう。今回この本を手にしてくださったことがご縁ということで、このあたりのよりディープな知識を、ともに深めようではありませんか。

ところで野球は9人で行うスポーツです。なのに「なぜ、ベンチにあんなにぞろぞろと人がいるのか」と先日質問されて、どう答えていいか一瞬迷いました。確かに、ベンチに入れる人数が25人と聞くと、やけに多く感じる方もいらっしゃることでしょう。たとえば高校野球、甲子園ではベンチ入りできるのは18人だけです。そう考えると、さらに身体が大きくて場所を取るプロの25人は、多少多いととらえられるかもしれません。

しかし、プロの試合がいかに精神的にも肉体的にもきつく長丁場であるかを考えたとき、全員が満身創痍《まんしんそうい》でシーズンを戦っていく中では、我々の感覚では「たった25人」となります。実

各球団の選手の内訳

支配下登録選手70名

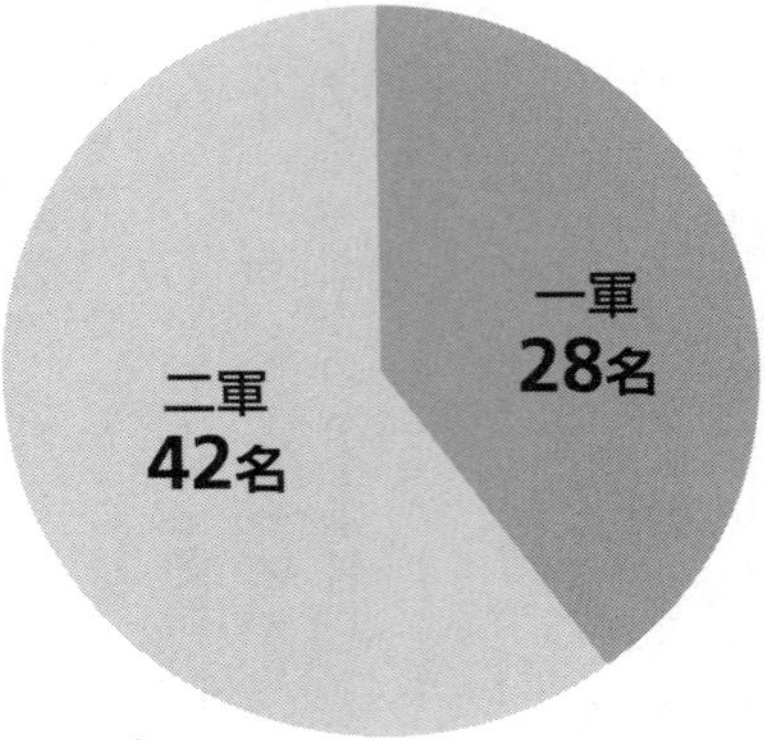


際、「もう今日、野手が足りない！　どないすんねん！」と頭を抱えることすらあるくらいで、**9人、またはＤＨ（Designated Hitter の略。投手の代わりに打席に立つ攻撃専門の選手）を入れて10人で戦うスポーツに対して25人は、むしろ少ないときもある、**というのが実感です。チーム事情にもよりますが、25人どころか、年間で延べ40人以上登録されることもあるのです。

一方、各球団によって実際の人数は異なりますが、選手として契約している「支配下登録選手」はそれぞれ70名までと決まっています。すなわち、**この70名から一軍の28名を引いた人数――最大42名が各球団の「二軍」**ということになります。

つまり、日本における「プロ野球選手数」とは、毎年各球団70名×12球団で、最大で840

名しかいないのです。少子化やスポーツの多様化に伴い、年々野球人口が減ってきていると言われていますが、それでも2016年度の硬式高校野球人口が16万7635人（日本高等学校野球連盟公式ホームページより）とされています。高校生だけで17万人近くいるのです。さらに少年野球や社会人野球など、野球をやっている人口すべてに調査を広げたら、「プロ野球選手になる」というのは、非常に狭き門なのだと言うことができるでしょう。そんな途方《とほう》もない数を考えれば、自分がプロ野球選手になれたことの強運を思い、支えてくれた人たちへの感謝の気持ちがふつふつと湧き上がってきます。

余談ですが、あるとき、少年野球大会の開会式で祝辞を述べた来賓《らいひん》の言葉が、保護者の間で話題になっていました。

来賓「この地域は、多くのプロ野球選手を生み出した土地柄です。みなさんの中から将来の野球選手やメジャーリーガーが誕生するかもしれません！」

親たち、子供たち、目を輝かせる。

「しかし！　ほとんどのみなさんには！　そういったことは起こらず！　普通に大人になって普通に就職します。それでも、みなさんが日々培《つちか》っている挨拶《あいさつ》や礼儀の習慣は、必ずみなさんの将来に役立ってくれることでしょう。それでは！　頑張ってください！」

全員「…………」

非常に実のある内容でありながら、試合直前だっただけに、夢や希望に燃えていた子供たちが一気に現実に引き戻された、という伝説の来賓挨拶。会場のあちこちから「ぷしゅー」と気の抜ける音が聞こえたといいます。しかし、おっしゃることはまさに正論であり、厳しい道とわかっているからこその親心的なお言葉だったのでしょう……。

## 二軍と育成の違い

ところで、日本のプロ野球界には、「育成選手制度」というものが設けられています。よく耳にするけれど、いまひとつその実態が理解できない**「育成選手」とは、将来その球団の支配下選手として契約する可能性があるプロ選手のこと**です。

育成選手制度は2005年から開始されました。僕がちょうどアメリカにいた頃で、日本の野球界の大きな変化を感じたものです。

育成選手を持つことができるのは、支配下選手が65人以上いる球団のみ。育成選手は、**二軍の試合やオープン戦には出場することができますが、一軍の試合には出場できない**決まりになっています。二軍に帯同《たいどう》して練習に参加したり、二軍の試合に出場したりもするので、一見、二軍選手との区別がつきにくいかもしれませんが、制度上ではこのような制限があり、また、**与えられる背番号が3ケタであるというのが特徴**です。二軍戦をご覧になっていて、やけにユニフォームの余白部分が少ない背中を見かけたら、それは支配下を目指す育成選手たちです。ちなみに一軍の球場にはときおり、3ケタの背番号をつけたバッティングピッチャーもいますので、混乱のないようにご注意ください。選手名鑑などをお手元にご用意いただければ、さらにわかりやすいでしょう。

オリックスには昨年度の開幕時、５名の育成選手がいました。そのうち3名は、シーズン中に支配下登録されましたので、育成選手から支配下選手へとステップアップした、と言うことができます。二軍の中にあって、育成選手たちはほぼ二軍の選手と同じ動きをしていますが、**決定的に違うのは「もらっている金額」と、「一軍の試合に出られるかどうか」の2点**に尽きます。この金額の違いについては後述しますが、同じような年齢で、同じような日々を送っていながら、大きな壁に隔《へだ》てられている選手たち。彼らが気持ちを奮《ふる》い立たせて未来の主力になってくれることが、球団が育成選手にかける願いなのです。

そういえば、２０１６年7月3日に一軍でお立ち台にも立った園部聡《そのべさとし》選手も、開幕時は育成選手でした。もっとも園部選手はもともと選手契約された支配下の立場。しかし、ケガのため選手契約を解除され、育成に落ちていたのです。そこから再び這《は》い上がって一軍で活躍したのですから、本人のみならず、ご家族や関係者の喜びもひとしおだったことでしょう。

他球団について少し触れると、ソフトバンクホークスには、２０１６年度の開幕当時、育成選手が21人いました。この選手たちと、ケガなどで調整が必要な支配下選手を加えて、ソフトバンクには「三軍」という制度が置かれています。同じように育成選手を多く持つ巨人にも、三軍制度があります。この2チームの三軍選手は、社会人野球チームなどと試合を行ったりして、同チーム内で切磋《せっさ》琢磨《たくま》しているわけです。

また、広島も三軍を置いているチームです。とはいえ、先に挙げたソフトバンクや巨人とはちょっと趣《おもむき》が異なり、ケガをした支配下選手がリハビリをするための場として設立され、2013年からはそのほかに成績不振の選手を強化するための場にもなっています。それゆえ、ソフトバンクや巨人の三軍が、社会人野球チームなどと試合を行うのに対して、広島の三軍は、三軍の選手だけで試合を行うということはないようです。

## 二軍にはどんな選手がいるか

さて、オリックスの二軍は基本的には「出場選手登録（一軍登録）をされていない支配下登録選手」で成り立っています。入団したばかり、もしくは入団数年の若手がメインですが、ケガなどの事情で一軍登録を抹消され、二軍で調整をしている選手もいます。ですので、年齢も状態も、もちろんチームにおける役割も、それぞれでみな違います。

そしてここに、育成選手が帯同しています。この、合わせて四十数名の選手をまとめるのが僕の役割です。

降格や昇格があるので、時期でばらつきはありますが、２０１６年シーズンの開幕時の二軍の構成は、以下の通りでした。

投手………26人（育成選手３人を含む）
捕手………５人（育成選手１人を含む）
内野手……９人（育成選手１人を含む）
外野手……５人

選手の多くは、高校や大学野球を経験していますから、当時のチームメイトといえばほぼ同年代というのが当たり前だったでしょうが、プロに入ると、チームメイトの年齢層が一気に広がります。学生時代の監督やコーチと、さほど変わらない年齢の人が「チームメイト」だったり、また、一軍昇格を狙う同ポジションの「ライバル」にもなりうるのです。僕も現役最後の年に二軍にいた頃は、新人選手と20歳以上離れていました。親子と言っても差支《さしつか》えない年齢差です。

一般的に、プロ野球選手の年齢的なピークは、20代後半から30代前半と言われています。もちろん、入団直後から大活躍する選手もいますし、２０１５年に50歳で引退した山本昌《やまもとまさ》投手のような息の長い選手もいます。けれど、どの選手にも言えるのは、**どんなに遅くとも20代後半くらいまでには、ある程度の結果を出しておかないと、契約をし続けてもらう、つまり、プロ野球選手で居続けることが難しくなる**ということです。もっとも、遅咲きの選手なんていくらでもいるし、中にはほとんど一軍で活躍しなくても、その努力の姿勢や人間性を買われて、長く現役を続けられる選手もいますが、そういった選手はきわめて稀な存在と言えるでしょう。

具体的な数字で表すと、２０１７年シーズン前に戦力外通告を受けた選手は、12球団全体で１１３人いました。今年ドラフトで入団した選手は球界全体で１１４人でしたから（どちらも育成選手を含む人数）、**ドラフトで入団したのとほぼ同数の選手が所属球団から「戦力外」の通告を受けた**わけです。戦力外となった１１３人のうち、33人は他球団や社会人野球チーム等に移籍したり、育成選手として契約を結び直したりして、野球を続けることができたとはいえ（２０１７年2月現在）、それ以外の人たちは否が応でも「第二の人生」を考えざるを得ないのです。

かといって、野球しか知らない人間が、簡単に一般企業に就職できるほど、世の中は甘くありません。それまで「選手だから」と厚遇してくれていた人たちが、沈没船から逃げていくネズミのようにさーっと去っていくこともよくある話です。

いくら野球を続けたいと願っても、どこかのチームに所属できなければそれは叶わず、ならばせめて野球関係の仕事を、といっても、雇用は狭き門。それゆえ、引退後に各種の資格を取るため勉強に励む人もいれば、ビジネスを展開する人、知人のつてで、それまでまったく縁のなかった業界で一から仕事を始める人など、野球選手の第二の人生は、多岐にわたります。

アメリカにおいては、現役選手が引退後のプランを日ごろから考えているのはごく一般的なことですし、突然収入が断たれたときに選手が困らないようにと、球団やMLBが引退後に向けて積み立て預金を奨励したり、お金の運用の仕方を指導したりすることがあります。

しかし、武士道の精神性をよしとする日本では、退路を断って勝負に臨むべきであり、負けたときのことを考えて準備を万全にしておく……わけにはいかないのでしょう。したがって日本では多くの選手が、野球にすべてを賭け、野球だけを追い求めた挙句、突然、なんの備えもなく人生の岐路に立たされることになります。足場の固まったトップ選手ならば、再就職の道も見つけやすいでしょうが、日の当たらない二軍でもがき続けている選手のほうがずっと多く、彼らの第二の人生は大変厳しいと言わざるを得ません。これが、プロ野球選手の現実です。

また、プロスポーツの世界では、結果がすべてと言われています。それはある意味真実ですが、同時に、それだけではないと思っています。一般社会では、上下関係や周りの人たちへの気配りが大切ですが、それと同じく、いえ、ときにはそれ以上に、**チームでの勝利を求められるプロ野球選手にとって気配りや目配りは必須**です。

しかし、たいていのプロ野球選手は、幼い頃から「エースで4番」という地域のヒーローや有名人ばかり。中には「野球さえやっていれば、あとは周りがフォローする」という環境の中で育ってしまい、知らず知らずのうちに他者に気を遣えない人間になってしまっている場合があります。結果として、野球しか知らない、野球しかできない「お殿様」が入ってくる可能性があるのです。そういったお殿様選手を、**周りに対して目配り、気配りをしつつ、自分に求められていること、やるべきことができる人材にすること、チームの一員として滅私奉公《めっしほうこう》の貢献ができる選手に育てていくこと**もまた、二軍の役割だと思っています。

もちろん、中には周囲をそこまで気にせず、どこまでもマイペースのまま突き進んでも許されるような、圧倒的な力を持った中心選手というものも存在します。それもまた、ありなのです。しかし、そんな選手を輝かせるのも周囲のアシストにほかなりません。主役がいれば、脇役もいる。野球は舞台のようなものですから、個々の選手の能力や適性を見極め、チームの中でどのような役割を担《にな》うべきか、そのためにはどう行動するべきかも、指導していく必要があるのです。

## 二軍はセ・パで分けられていない

日本のプロ野球は二リーグ制で行われています。セントラル・リーグとパシフィック・リー

## プロ野球　二軍チーム本拠地一覧（2017年3月現在）

| | チーム名 | ホームグラウンド |
|---|---|---|
| ウエスタン・リーグ | **オリックス・バファローズ** | 舞洲サブ球場（大阪市） |
| | **中日ドラゴンズ** | ナゴヤ球場（名古屋市） |
| | **阪神タイガース** | 阪神鳴尾浜球場（西宮市） |
| | **広島東洋カープ** | 広島東洋カープ由宇練習場（岩国市） |
| | **福岡ソフトバンクホークス** | タマホーム スタジアム筑後（筑後市） |
| イースタン・リーグ | **埼玉西武ライオンズ** | 西武第二球場（所沢市） |
| | **千葉ロッテマリーンズ** | ロッテ浦和球場（さいたま市） |
| | **東京ヤクルトスワローズ** | 戸田球場（戸田市） |
| | **東北楽天ゴールデンイーグルス** | 楽天イーグルス利府球場（宮城郡利府町） |
| | **北海道日本ハムファイターズ** | ファイターズ鎌ケ谷スタジアム（鎌ケ谷市） |
| | **横浜DeNAベイスターズ** | 横須賀スタジアム（横須賀市） |
| | **読売ジャイアンツ** | 読売ジャイアンツ球場（川崎市） |

グです。

　しかし、二軍はこの「セ・パ」の両リーグに分かれているわけではありません。日本野球のファームは、**地域によってウエスタン・リーグとイースタン・リーグ**に分かれています。オリックスは、昨年（２０１６年）までは神戸サブ球場がホームグラウンドでしたが、今年からは大阪市にある舞洲《まいしま》サブ球場が本拠地になりました。多少の移動はあったにせよ、いずれにしろ、西日本に本拠地があるため、所属はウエスタン・リーグです。

　なぜ二軍のチームはセ・パではなく、地域ごとに分かれているかというと、やはり交通費の問題でしょうか。二軍の試合は一軍ほどに集客が望めるわけではありませんし、開始時間も基本的に昼過ぎに設定されたデーゲームです。よって、**より距離が近いチームと対戦したほうが効率がいい**というのがその理由と考えられます。

また、前ページの二軍チーム本拠地一覧をご覧いただければわかるように、二軍の本拠地が必ずしも一軍のそばにあるわけではありません。二軍の本拠地が一軍のホームグラウンドと隣接しているのは、12球団の中でも埼玉西武ライオンズのみです。

こうして見ると、意外とみなさんのお近くを、二軍のチームが本拠地としている球団があるかもしれません。どの球場も、一軍のホームグラウンドに比べると、選手との距離が物理的に近いため、より迫力あるプレーを観戦できると思いますので、これを機会にぜひ球場へ足を運んでいただければと思います。お待ちしております。

## 二軍の年間スケジュール

プロ野球の1年は、2月の春季キャンプから始まります。オリックスの春のキャンプは、一軍・二軍とも、毎年2月1日からの1カ月間、宮崎県宮崎市で行われます。清武総合運動公園内にあるSOKKENスタジアムで一軍が、そこに隣接する清武第二野球場で我々二軍が練習します。

2016年度までは、一軍は京セラドーム大阪、二軍は神戸サブ球場が本拠地だったため、一軍の福良監督に二軍の選手の動きを実際に見ていただくのが、シーズン中ではなかなか難しい状況でした。けれど春のキャンプ中は、叫べば聞こえる距離で一・二軍がともに練習をしているわけで、**「福良監督が近くにいる！」という緊張感や高揚感が、二軍選手にとってかなりの励みになった**ことでしょう。なにしろ、自分の状態をアピールできる絶好のチャンスなのです。

二軍の選手にとってこの時期は、もしかしたら一軍で開幕を迎えられるかもしれない、という夢や希望に満《み》ち溢《あふ》れる大切なとき。おのずと、選手はもちろん、我々二軍の監督・コーチ陣にも気合いが入ります。ドラフトなどで新しく入った選手たちも顔を揃え、普段はあまり取材してもらえないファームにも、マスコミの方々が多く集まるにぎやかな期間です。

3月に入ると、「春季教育リーグ」が始まります。これは、いわば**二軍によるオープン戦**で、イースタン、ウエスタン、それぞれがリーグ内で

**オリックスファーム年間カレンダー**

| | |
|---|---|
| 1月 | |
| 2月 | 春季キャンプ（宮崎市） |
| 3月 | 春季教育リーグ<br>公式戦開幕 |
| 4月 | 公式戦 |
| 5月 | 公式戦 |
| 6月 | 公式戦 |
| 7月 | 公式戦<br>フレッシュオールスターゲーム |
| 8月 | 公式戦 |
| 9月 | 公式戦最終日 |
| 10月 | ファーム日本選手権<br>みやざきフェニックス・リーグ<br>ドラフト会議 |
| 11月 | 秋季キャンプ |
| 12月 | |

対戦します。本番のシーズンが始まる前に、**冬の間に忘れかけていたゲーム感覚を取り戻すのが目的**ですし、新人にとっては、たとえば教習所内でしか走ったことのないドライバーが、はじめて路上教習を受けるようなものでしょうか。もちろん、開幕したら教官なしに自力で走らなければなりません。

そして、**3月半ばになると、一軍に先駆けてシーズンが開幕**します。今年は3月21日、ナゴヤ球場での中日戦がオリックスの開幕試合です。ここから9月24日まで、全130試合が予定されています。

3月も下旬になると、一軍の公式戦も開幕を迎えます。各チーム万全の態勢で開幕を迎えるとはいえ、それぞれのチーム状況によって、**一軍・二軍の選手の入れ替えは開幕直後から随時**行われます。繰り返しになりますが、一軍から求められたときに必要な、即戦力たる人材を育てつつ、自分たちの試合を戦うのが我々二軍の仕事です。

7月半ばには、「フレッシュオールスターゲーム」が開催されます。これは、いわば**二軍チームのオールスターゲーム**で、イースタン、ウエスタンのチームに分かれて対戦します。一軍のオールスターゲームともっとも異なるのは、出場する選手を一般投票で決めるのではなく、両リーグの運営委員長、幹事長、総括と全二軍監督が選考するところでしょう。所属チームによって出場選手数に開きが出ないよう、イースタンの場合は各3選手ずつ、ウエスタンの場合は前年度の優勝チームから5選手、それ以外のチームから4選手を選出します。

フレッシュオールスターゲームといえば、僕も出場させていただきました。イチロー選手とふたりで、

「どっちかがMVP獲《と》ったら山分けしようぜ！」

と乗り込んだのです。結果イチロー選手がMVPとなり、賞金100万円を獲得。律儀《りちぎ》にも、

「田口さん、山分けしましょう」

と言ってくれたものの、年上というプライドが邪魔して、

「いや、ええよええよ」

と遠慮してしまった思い出があります。もちろん、後悔しています。

ちなみにここで選出されるのは、支配下登録もしくは育成契約をしてから5年以内の選手に限られ、基本的には二軍の公式戦に出場経験のある選手です（ただしその年の新人は無条件で出場できる）。選考の際は、開催地（2017年度は静岡県草薙総合運動場硬式野球場）出身の選手や、話題性のある選手、前年のドラフト1・2位の選手が優先されることになっています。その時点で好成績を挙げている選手も外せません。ただし、過去に2度出場した選手は、出場できません。このフレッシュオールスターゲームの楽しみは、**次世代のスターはここから生まれるか？というワクワク感とともに、自分のごひいき選手を見出すこと**かもしれません。

フレッシュオールスターゲームを境に、シーズンは後半戦に入ります。ファーム公式戦最終日のあとは、イースタン・ウエスタンの各リーグ優勝チーム同士で、10月初めに「ファーム日本選手権」を行い、日本一を決定します。2013年から2016年までの4シーズンは、KIRISHIMAサンマリンスタジアム宮崎で行われました。

ファーム日本選手権が終わるとすぐに、若手を育成するための教育リーグ「みやざきフェニックス・リーグ」が開幕します。ここでは、基本的に同リーグのチームとの対戦は組まれず、オリックスはイースタンの7チームのほか、韓国や独立リーグのチームと対戦することになります。このリーグは、**全試合が入場無料なうえ、ファンとの交流イベントや野球教室が行われることもあり、プロ野球通には非常に人気が高い**ようです。

みやざきフェニックス・リーグ終了後は、いよいよシーズンの総決算、秋季キャンプに入ります。一軍チームは高知でキャンプを張りますが、二軍チームはホームグラウンドに戻って、ひたすら練習漬けの日々です。昨年の秋季キャンプでは、チャンスさえあれば選手たちとともに10キロ以上走り、1000本近いノックを行うという日々を送りました。体力のある若い選手たちですら、ランニング後には目がうつろに揺れており、肉体的にはシーズン中の何倍もきつい日々だったのです。しかし秋季キャンプは、**今季の反省と強化ポイントを探り、冬の間に心身ともにパワーアップするための大切な期間**でもあるのです。

公式戦終了後から年明けにかけては、フェニックス・リーグや先述の秋季キャンプを行い、次の1年を考える期間となります。そのかたわらでは、戦力外となった選手や、退団・配置換えとなったコーチ陣に別れを告げることになります。寂しさももちろんありますが、そこに囚《とら》われて立ち止まることはできません。自分や選手に活を入れ、新しい選手やコーチ陣を迎え入れる準備もしなければならない時期なのです。

## 二軍の1日のスケジュール

年間のスケジュールについては、先にお伝えしたような流れで進みますが、1日のスケジュールはどうなっているのでしょうか。例として僕のシーズン中の平均的な1日をご紹介しましょう。

僕の場合、起床は6時20分。その後、仕度をして息子とともに家を出ます。彼を駅に送り届けて、車内で弁当のおにぎりなどを食べたあと、球場入りするのがだいたい7時半過ぎ。すぐに着替えて、8時15分には、トレーナーから選手のコンディションについて報告が入ります。その後、各コーチ陣と5分ほどのミーティングをします。これは、その日に必要な、重要な伝達事項を申し送る場ではありますが、みんなが和むようなちょっとした小咄《こばなし》を挟んだりして、リラックスするための時間でもあります。去年は「今日は何の日」かを発表し合うことがやけに流行《はや》って、3月4日が「バウムクーヘンの日」という話題から「バウムクーヘンが日本ではじめて販売されたのはどこか」をめぐって、緊急ミーティングにまで発展したこともありました。野球全然関係ない。

選手たちはそれぞれ準備にかかる時間が違いますので、球場入りする時間はまちまちですが、遅くとも8時には入っているはずです。その後、ウォーミングアップなどをし、9時半から全体練習を始めます。身体《からだ》を動かし、万全の状態で試合を迎えられるよう備えるのです。あとは、軽い昼食をとり、12時半から試合が始まります。

試合が終わるのがだいたい15時半頃。それから、その日の試合を振り返って、コーチや選手とともに10分程度のミーティングを行います。そこからまた、17時過ぎまでグラウンドで、今度は個別練習です。それ以降は、室内練習場に移動して、18時半頃まで練習が続きます。練習場での練習は、選手一人ひとりが自分の課題と向き合うことが多く、監督としては個々の動きをじっくり観察する時間でもあります。

球場での僕の仕事はひとまずこれで終わりですが、帰宅してからも仕事は続きます。19時頃に家に着くと、夕食をとりながらオリックスの一軍と他球団の試合を観戦。一軍へ送り出した選手の状況を中心に、全選手にケガや不調の気配がないか観察します。併せて、その日の二軍の日報を書きます。書き上げたものをアップロードすれば、のちにログインした球団関係者の全員がそれを見られるという仕組みです。

一軍の試合展開次第ではありますが、選手の入れ替え等の必要が出てくると、夕飯中もしくは試合終了後の22時から0時頃までの間に、一軍のコーチ陣から電話が入ります。そこで、一軍に補充すべき人材の報告を受け、僕は二軍の翌日のラインアップを考えながら床に就《つ》く、というのが日課です。

子供の夏休みの絵日記ではあるまいし、「朝起きて歯を磨いて遊んで帰ってきて寝ました」みたいになっちゃいましたね。

一方、選手たちはというと、室内練習終了後は基本的にはフリータイムとなり、寮や自宅に戻ります。ただし、**練習場は24時間使用可となっていますので、自主的に練習をしたい選手やすべき選手は、夕食後や入浴後に戻ってきて、個々の課題に取り組む**のです。特に、若手選手が入る寮は室内練習場に隣接していますので、自分の気持ち次第でいくらでも練習ができる環境にあります。僕やコーチが帰宅後のその時間を、いかに野球のために使うかで、選手の可能性が変わっていくのです。

ちなみに試合のない日は、休日、もしくは練習日のどちらかになりますが、ほぼ休みになることの多い月曜日を除けば、試合のない日のほとんどは、練習日となります。練習日は、試合日よりも、全体的に少しゆったりしたスケジュールです。試合のある日は9時半から始める練習を10時頃から開始し、昼食後もずっと練習、という流れ。そのため、試合のある日よりも、個々の練習時間が増えます。それぞれの課題に向き合い、集中して励んでいる選手を見ると、ついつい僕も最後までその姿を追っていたくなるもの。ゆっくり選手と話ができる、貴重な機会でもあります。

## プロ選手の練習、その一例

一見華やかに思えるプロ野球の世界ですが、その実は地味な練習の日々の積み重ねです。グラウンドで見せるあの鮮やかなプレーの数々は、才能ある選手にしても、一朝一夕では体得できないものばかりです。

僕が預かっている二軍チームには、当然ながらルーキーもたくさんいます。つい先日までアマチュアだった選手が、プロ入りしたともっとも実感するのは、新人の時期から帯同する春季キャンプの練習量によってではないでしょうか。アマチュア時代に、「丸1日練習をする」というのを1カ月続けたことがある選手は、果たしてどれだけいるでしょう。キャンプでは朝から晩まで、その「丸1日練習」を、緊張感ただよう中で丸1カ月行うのですから、当然、身体はどんどん張っていきます。集中力も欠けてきます。終盤にもなると、朝、身体を起こすことすら苦痛になる選手もいるほどです。

そんな中でも**ケガをせず、淡々と練習をこなし、試合に臨めばベストプレーをし、その状態を1年を通してキープする。これがプロの身体**なのです。

しかし、どんなことでも繰り返しのルーティーンには飽きが来ることもあります。そこで昨年の秋のキャンプでは、選手同士でジャンケンをさせ、3人1組のチームを作って連続200本ノーエラーでノックをこなす、という練習を取り入れてみました。これは、「連続200本」が原則ですので、3人順番にノックを受け、たとえば198本目に誰かが取り損ねたとします。そうなると、また最初からやり直しです。180本を超えたあたりからは、「自分がミスするとほかのふたりに迷惑がかかる」というプレッシャーが生まれ、「とにかく確実に！安全第一！」という流れになってきます。練習ですから、本来なら苦手なグラブさばきを数多くこなさなくてはならないのですが、そのくらいの数を受け続けていると、どうしても得意なやり方で、無難にこなそうという気持ちが出てしまうもの。我々にとっては、そういう、選手たちの練習に対する取り組み方や、本人にとってのグラブの使い方の得手不得手、または好みも見られる練習方法でした。

また、この練習では、守備が得意な選手と組めるかどうか、という部分が、チーム分けジャンケンから死活問題になってきます。先輩後輩の仲の良さも見えてくるわけで、なかなか面白い試みだったと思っています。

とにかく走り回らせたい場合は、内野・外野・投手に限らず「アメリカンノック」が一番です。これは、ライトの定位置をスタート地点として、レフトの定位置あたりに飛んでいくフライを捕球するもので、その逆もあります。とにかく広い外野の隅々まで走ることが求められる、非常にきつい練習です。僕も現役の頃、同じく外野手だったイチロー選手と日々、悲鳴を上げながらやっていました。この練習の効果は「体力がつく」そして「身体のキレが生まれる」など。特に外野手にとっては、疲れるにしたがって目線がぶれてくるため、その中でもボールを捕れるようにするための過酷にして有益な練習と言えます。まさに一石三鳥。とはいえ、相当に体力を使うため、数をこなすことはできません。

## 集中力のなさが「降格」を招く

さて、こういった練習を日々重ねる中で、選手の昇格・降格をどのようにして決定しているのかというのは、野球ファンならば知りたいところではないかと思います。これは、**一軍内での話し合いのあと、僕が西村徳文**《にしむらのりふみ》**一軍ヘッドコーチか福良監督からその旨の連絡を受けて、その後、福良監督と球団本部長である長村裕之**《ながむらひろゆき》**さんの間で決定**されます。

ときおりマスコミのインタビューにも登場する「球団本部長」とは、いったい何をする人なのか？　と思っていらっしゃる方も多いことでしょう。「球団社長」が球団経営のトップであるのに対し、**球団本部長は、球団現場の実務的なことを統括《とうかつ》する立場で、そこにすべての報告が集まります。**したがって、ドラフトやFAでの選手獲得も、本部長を中心として話し合いが行われます。

また、球団内部には「編成部」という組織があって、その担当者が二軍のゲームを見たうえで、各選手の様子などを本部長に報告してくれるのです。球団本部長は、そういった情報をもとに選手個々の状況や性格をも把握し、僕ら現場の人間の目が行き届かない部分もカバーしてくれます。

つまり、本部長は「編成部からの情報」「一・二軍監督（現場）からの情報」の2本立てで全体を見渡しているのです。この立場は、アメリカで言えば「ゼネラルマネジャー（GM）」であり、GMの集めた選手たちを監督が使う、という構図です。

ですから、僕がノリで「おっ、キミ今日調子いいね！　よし！　明日から一軍や！」と、誰にも許可を取らず決めるといった権利はありませんし、福良さんが、「あいつを二軍に落とす」と考えた場合は、必ず本部長との話し合い、もしくは報告を経《へ》ます。

また、この一・二軍の入れ替わりに関して、がっちり一軍に定着している選手が二軍に来る場合は、必ずしも「降格」とは言えません。もちろん、調子が悪いというのがその理由ならば「降格」なのでしょうが、そのほかにも「ケガのリハビリのため」「一軍のゲームで出番が少ないので試合勘をキープするため」など、選手によってその理由はさまざまあるのです。
しかし、二軍の選手が一軍に上がり、再び二軍に帰ってくる場合は、「降格」以外の何ものでもありません。

多くの**二軍選手に欠けているのは、試合に対しての「集中力」**です。たとえば試合中、その流れを見極め、「今日は自分がどの場面で、どんな役割を担うか」ということを想像し、準備しておくのは、プロ選手にとって最低限必要なことです。にもかかわらず、一人前になりきれていない選手には、自分がいつ代打で登場するかを読むことができず準備が間に合わなかったり、代走で出るはずの状況なのに、なぜか素振りをしていたり、といった「試合の流れを読み切れていない」ということが起こるのです。こういった試合への集中力のなさは、出場した際のミスにつながります。それも、ゲームを決定的にひっくり返すようなとんでもないミスになるのです。野球の技術うんぬんの前に、こういった**「試合に対する集中力」を養うために、二軍の選手は昇格・降格を繰り返し、その大切さを学んでいく**のです。

## 「戻ってくるな」と祈る日々

僕は一軍の試合を毎日チェックしながら、「そろそろあの選手にお呼びがかかるかな」など、あらゆるパターンを想定して、送り出す準備をしています。もっとも、一軍の状況が良ければ、お呼びの電話はまったくかかってこないのですが……。

選手に一軍昇格を伝えるのは、本当にうれしく誇らしいものです。こんなに光栄な役をさせてもらえるのは、二軍監督の特権と言ってもいいでしょう。

僕が監督としてはじめて昇格を伝えることになったのは、2016年シーズン開幕前の春季キャンプ中のこと。期待の新人・吉田《よしだ》正尚《まさたか》選手がその相手でした。

マネジャーから、「吉田正尚を上げるとのことです」という報告を受けた僕は、「さあ、いよいよこのときがやってきた」と、早くも感慨に浸りつつ、頭の中で何度も何度もそのシーンを想像しました。

「おめでとう！　今日から一軍や！」と、ともに喜びを分かち合うようにして伝えるのか。

「話がある」と重々しく口火を切るのか。

昇格を聞いた彼は、「ありがとうございます！」と頬を紅潮させるだろうか。そうしたらそこで固い握手を交わして……などと、妄想は膨《ふく》らむばかりです。

「とにかくマスコミにわからんようにしてな」とマネジャーに念を押しました。「最初に正尚のびっくりした顔を見るのは俺や！」……そう、僕はこの栄《は》えあるシークレットミッションを完遂《かんすい》すべく、ワクワクしていたのです。

ところが僕の「はじめて」は、幻に終わってしまったのでした。僕が吉田選手の一軍昇格を聞いたときには、どうやら福良さんがすでに新聞記者を相手に、「あー、吉田正尚を上げるから」と言っていたようで、それを聞いた記者さんたちが、「吉田選手、おめでとう！　昇格みたいだね」と本人に伝えてしまっていたのです。

わざわざ「誰にも知られないように」と食堂に呼び出したというのに、やってきた吉田選手はすべてを察して平然としていました。

「あ……もう聞いた？」

「ハイ」

「……なので、次のクールから一軍ね」

「あ、ハイ」

……むなしい。俺のはじめてを返せ！

あれからひとつのシーズンが終わり、初々しかった僕も昇格を伝えることに慣れてきて、ドキドキ感も正直、あのときほどではなくなってきました。それでもひとつだけ、選手に伝えるときに、絶対に変わらないものがあります。

それは、**「もう二度と帰ってくるんじゃないぞ！」と願う気持ち**です。

一度送り出した選手が、二度と二軍に舞い戻ってきませんように。これは僕が毎回、必ず念じることなのです。それでもやっぱり彼らは戻ってきてしまいます。

またやり直しやな。また一から一緒に始めよう。
そんな思いを胸に、僕は日々、戻ってきた選手と向き合い続けました。そして送り出すときはまた必ず、「戻ってくるんじゃないぞ」と念じているのです。

## 二軍では「迷わせない指導」が必須

ところで、昇格・降格の相談を中心とした一・二軍間の連絡は、主に電話とインターネットで行われます。先にも述べましたが、試合のあとに「日報」と呼ばれる報告書を書いて、ネット上で球団関係者と共有するのが日課。そのほかの報告は、やはり電話が手軽です。物理的にも居場所が離れているので、一軍の関係者と顔を見てあれこれ話し合うことはできませんが、**日々の電話連絡はかなり密で、お互いの把握している状況にズレや隙間がないように心がけています。**

一軍との連携に比べれば、二軍チームは常に一緒に行動していますので、コーチ陣との情報共有も比較的楽に行えます。それでも、投手・内野手・外野手・捕手など、ポジション別に把握すべきことがいっぱいありますし、たとえ僕がすべてのコーチからすべての報告を受けていても、コーチ同士の連携がきちんと取れているかは疑問です。

そこで考えたのが「報告プリント」というものでした。1年目も終わろうとする秋頃から、その必要性を感じて始めたことです。

これは監督・コーチが選手に対してなんらかの指導を行った場合、たとえば（実際に書かれたことではありませんが）、

「A選手のバッティングのスタンスを、10センチ広げました　辻《つじ》」

「B捕手のショートバウンド処理に対してこう言いました　前田《まえだ》」

といった具合に、監督・コーチ室に置かれている紙に、指導内容を一行でいいから書いてもらうことにしたのです。そのおかげで、まるでチャットのように、一目で「誰が何をしたか」「どの選手が誰に何を言われたか」がわかるようになりました。

なぜこういったことを始めたかというと、ひとえに「選手を迷わせないため」です。

僕がこの報告プリントを読み、「うーん、A選手のスタンスはむしろ、10センチではなく、15センチ広げたほうがいいんじゃないか」と思ったとします。その場合、A選手のもとに突然行って指導するのではなく、まずは「10センチ広げた」辻竜太郎《りゅうたろう》コーチに、なぜそのように指導をしたのか、本人はどう思っていたかなどの確認を行えば、それに基づいて次の動きを決めることができます。辻コーチに「10センチ広げろ」と言われたのに、僕からは「15センチ広げろ」と言われたら、A選手が困り果ててしまうからです。

これはあくまでも例で、わかりやすく「10センチ」などと表現しましたが、**実際はセンチど**

**ころか、ミリ単位以下の誤差を調整していくのがプロの世界**です。微妙なズレを自分で理解し直せるベテランと違って、二軍の選手は「プロ」と名がついていても、まだそこまで繊細《せんさい》な感覚を持っていません。けれど、アマチュア時代には「だいたいこれくらい」で済んでいたことも、プロの世界では、微細《びさい》な誤差が明暗を分けてしまいます。そのため、**選手の心やパフォーマンスは、ほんのわずかなアドバイスでも揺れ動くもの**なのです。だからこそ二軍の選手については、指導する側が**「同じことを言う」「同じ方向に進ませる」という2点を徹底**しなければなりません。

選手が一番困るのは、「人によって言うことが違う」という状況です。彼らにとって、これほどつらく、混乱することはありません。それを避けるためにも、コーチ同士の連携と情報共有をしっかり行うよう、気をつけているのです。たとえば選手によっては、一番聞きやすいコーチになんでも尋ねてしまう、ということが起こります。となると、どのコーチが誰に何を教えたのかがわからないという事態に陥《おちい》り、状況は混乱するばかりです。担当者以外のコーチングは避けたいところですが、話の流れで専門外の指導に発展することだってあるでしょう。

そこで、この「報告プリント」が生きてくるのです。

誰が、誰に、何を教えたか。なんと伝えたか。

誰が、誰に、何を教わったか。なんと言われたか。

この情報を監督・コーチが共有し、選手全員と確認し合うことで、教える側のスタンスも統一され、選手の戸惑いも少なくなることでしょう。

僕もこのプリントに書き込むことがありますが、おおよその場合は、選手個人への細かな指導を行うのではなく、全体を把握する立場でいるよう努めています。各コーチが各ポジションの選手と密に話していますから、**僕はなるべく全部の選手と、まんべんなく均等にコミュニケーションを取るべき**だと考えているのです。

しかし選手によって、人懐こく話しやすい者、積極的に話しかけてくる者、恥ずかしがってなかなか会話が続かない者など、それぞれの性格に違いがあるだけに、均等に話をするのが難しい場合もあります。特に、口数が少なく、コミュニケーションを取るのが苦手なタイプの選手に対しては、おのずと交流する機会が減ってしまいがちです。

そんな選手には、無理に話しかけに行かず、機会を待ちます。なんでもないときに、いきなり「やあ！」などと言ってニコニコしながら近づいても、話が続かないし、むしろ「な、なんやろう？」と相手を怯《おび》えさせてしまうかもしれません。それよりもその選手の動向をじっくり観察し、たとえば送球ミスなどが出たときに、「おっ、最近にしては珍しいな。どないしたんや？」と突っ込むなど、「いつも僕が見ているよ」「たとえ話していなくても気にかけているよ」ということをわかってもらえるようにしています。

選手とコミュニケーションを取るには、かわす言葉の量も大切ですが、もっと大事なのは、**相手が孤独を感じないようにすること、ちゃんと見守られていると理解してもらうこと**です。

こうして振り返ってみると、2016年はチーム全体が同じ方向を見て戦う、その土台作りとなった1年間でした。

## 一軍に上がる選手はここが違う

「監督が一軍に推薦したいなと思える選手って、どんな選手ですか」「勢いに乗っている、いまキてるなと思う選手はどんなふうに見えますか」と聞かれることがあります。

そう問われて、僕が最初に思い浮かべるのはやはり「目」です。目つき、顔つきが戦うモードになっている選手。そういう選手には、隙がないのです。ユニフォームを着ている間は、いかなる瞬間でも集中力を途切れさせないというのは基本です。一軍のレギュラークラスは、たとえ笑顔を見せていても、そこに隙は感じられません。しかし、二軍クラスはなんとなく「ゆるんでいる」ことが多く、そのあたりの集中力のなさが、ケガやミスにつながってしまうことも多々あるのです。

昇格の条件がすなわち「いま、キてるから」「調子がいいから」というわけにはいかず、一軍のチーム状況に左右されるのは致し方のないところ。しかし、「心と身体の準備ができている」ということがわかる選手は、一軍から「誰かいないか」と問われたときに、「待ってました！」という気持ちで推薦することができます。

たとえば昨シーズン、一度昇格したあと二軍に戻ってきた園部選手の例を挙げると、明らかに「一軍で何かをつかんできた」のがわかりました。自分に何が足りないのか、どういった練習が必要なのかを理解し、目つきが変わっていたのです。練習内容もおのずと変化し、ほかの選手と群れずにひとりで黙々と自分の課題に取り組むことが増えました。自分の世界に没頭するようになったのは、自分に向き合う必要性にかられてのこと。今年、春のキャンプでは初日に体重オーバーなどで二軍に送られてきた園部選手ですが、ほんの少しの油断も許されないことを、身をもって知る機会になったのではないでしょうか。たとえ本人は張りつめてやっているつもりでも、プロは結果がすべて。自分が戦う目を保っているかどうかは、意識の持ちようにかかってくるのです。

僕と目が合っても、なんとなくふとそらす選手、目に覇気《はき》がない選手。目はその選手の内面のすべてを表しています。ギラギラとした「戦う目つき」を己の中に作り上げられるかどうかが、一軍昇格へのカギのひとつなのではないでしょうか。

# 第二章　日本の二軍とアメリカのマイナー

## 日本とは大きく異なるメジャーの世界

前章で日本のプロ野球のシステムや、一軍と二軍の連携、二軍とはどんな場所なのかをざっと説明させていただきました。一方で海を渡ったアメリカの「マイナー（日本で言えば「二軍と、それ以下」のチーム）」と呼ばれるファームチームは、いったいどのような形態になっているのでしょう。

僕は２００２年から２００９年までの８年間、アメリカの３球団（セントルイス・カージナルス、フィラデルフィア・フィリーズ、シカゴ・カブス）でプレーをした中で、カージナルスの３Ａ「メンフィス・レッドバーズ」と２Ａ「ニューヘブン・レイベンズ」、さらに若手の登竜門アリゾナ・フォールリーグの「メリーベール・スホローズ」に所属し、カブスでは３Ａ「アイオワ・カブス」にてマイナー生活を送りました。

日本では12球団すべてが一・二軍ともに同じ親会社の経営下に置かれていますが、アメリカの場合、**メジャー、３Ａ、２Ａ、と系列が一緒でも、チームはそれぞれが別経営**で成り立っています。つまり、たとえばセントルイス・カージナルスとメンフィス・レッドバーズはカージナルスのメジャーとマイナー（３Ａ）ではありますが、企業としては別なのです。

ですから、マイナーチームがその「親」を替えることも珍しくありません。実際、僕が渡米

1年目に所属したカージナルスの2A「ニューヘブン・レイベンズ」は、その前年までシアトル・マリナーズの下部組織でした（現在はトロント・ブルージェイズ傘下となり「ニューハンプシャー・フィッシャーキャッツ」と改称）。そのため当時はユニフォームもマリナーズのエメラルドグリーンと黒を基調にしており、スパイクの色も黒。野球用具はすべてカージナルスの赤系統しか持っていなかった僕は、2Aに落とされ、移動したその日のナイトゲームに出場したものの、黒のスパイクがなかったために、急遽、ほかの選手から借りることになりました。ところが、2Aとはいえ周りは身体の大きな若者ばかり。スパイクも僕のサイズ（27・5センチ）なんて「子供かよ！」の世界です。結局ぶかぶかのスパイクを借りて、つま先にティッシュをぎゅうぎゅうに詰め込んで、バッターボックスに立ちました。

プロ入り以降の僕は、スポーツメーカーである「ミズノ」のプロ中のプロが足型を精密に測り、革を厳選し、何度も何度も協議を重ねたうえで作ってくださったスパイクでしかプレーしたことがありませんでした。野球用具に関してはとことんうるさい僕は、バットもグラブも靴も、世界のミズノに細かすぎるお願いを繰り返す、面倒くさい相手であり続けたのです。そんなふうに、用具に関して世界一贅沢《ぜいたく》な思いをさせていただいてきたわけですから、ティッシュを詰めたぶかぶかのスパイクと、割れた部分をテーピングで貼り合わせたヘルメットは、僕にとってマイナー生活の象徴と言えるものでした。

とにかく、**一度でもメジャーの生活を経験すると、「もう二度とマイナーには落ちたくない」と思うようになるほど、マイナーの世界は過酷**です。練習環境から生活の質まで、メジャーとマイナーでは雲泥《うんでい》の差で、日本の一軍・二軍の差とはまったく別物であると感じます。そんなマイナーの、それも2Aからメジャーに復帰し、2006年にはカージナルスで、2008年にはフィラデルフィア・フィリーズで、2度もワールドチャンピオンになれたのですから、まさに「天国と地獄」を味わったと言っても過言ではありませんし、縦に深くアメリカ野球を見る、稀有《けう》なチャンスをもらったとも思っています。

そんな経験から見えてきた**日米のファームチームの違いは、ひと言で言えば「振れ幅の違い」**かもしれません。アメリカの野球に詳しくない方でも、メジャーの超一流選手の年俸が破格であること、その待遇が日本では考えられないほどにゴージャスであることなどはご存知でしょう。しかし一方で、アメリカのファーム、つまりマイナーリーグがいかなる環境で野球をやっているかについては、「けっこうひどいんじゃない?」というあいまいな感じで語られてはいても、詳細はあまり知られていません。

本章では、それら「メジャーとマイナー」の違いを説明しつつ、そこから見える「日米ファームチームの違い」ひいては「日本とアメリカのプロ野球の違い」について、具体的に比較・解説していきたいと思います。

## ピラミッド型のマイナー、二軍の調整場である三軍

日米プロ野球チームのシステムとして、**もっとも違っていることのひとつに、下部組織の数**があります。近年は日本でも、三軍を置いて選手を育成したり、広島のように直属のベースボールアカデミー（ドミニカにある「カープアカデミー」のこと。外国人選手の発掘や育成を目的として1990年に誕生）を設立するチームが出てきましたが、アメリカは三軍どころの話ではありません。メジャーが一軍だとすれば、二軍にあたる「3A」、三軍にあたる「2A」、さらにその下に「アドバンスドA」「クラスA」「ショートシーズンA」（この3つを合わせて「1A」）、「ルーキー・アドバンスド」「ルーキーリーグ」（この2つを合わせて「ルーキーリーグ」）と7つもの下部クラスが存在するのです。

一応、マイナーが7つのクラスに分けられているとはいえ、メジャーから見れば、やや年齢層が高い3Aも含め、いずれも似たような下積み生活です。たとえプロと名がついても、ハンバーガー程度の食事しかできない過酷な環境から、たとえば2Aなどは「ハンバーガー・リーグ」と揶揄《やゆ》されることもあります。

マイナーの選手たちの多くは、**野球をすることで得られる賃金だけではとうてい食べていけず、アルバイトをしたり、なんらかのスポンサーを見つけて援助をもらい、メジャーリーガー**

**アメリカのプロ野球組織図**

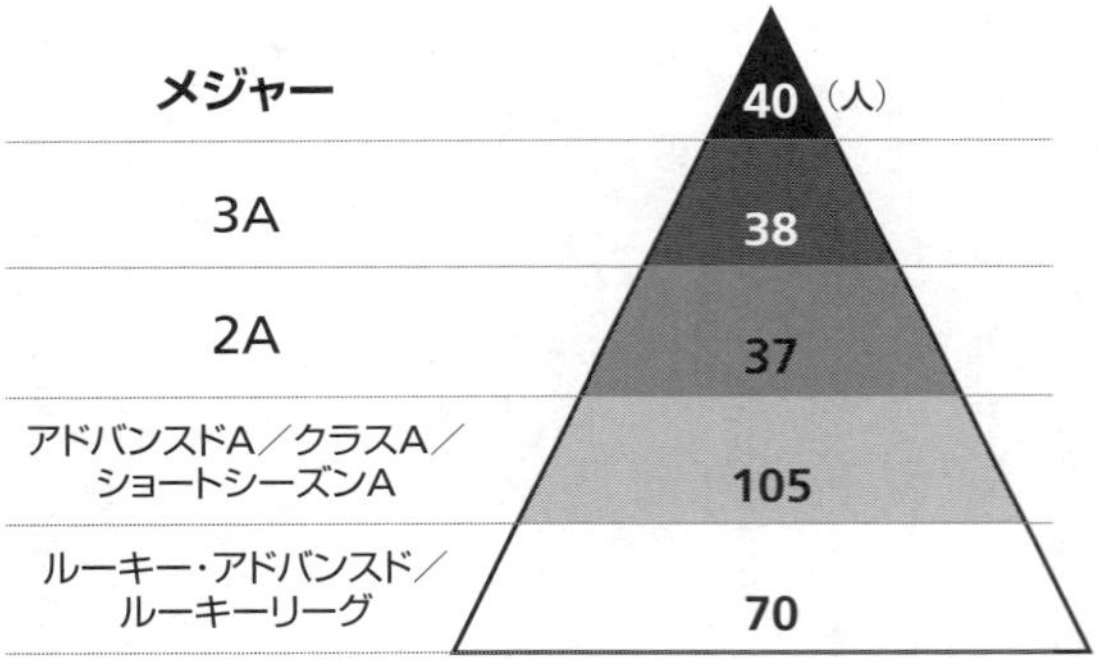


**になる日を夢見てプレーしている**のです。中には奥さんや彼女が働くことで、食べさせてもらっている選手もいます。

第一章でご説明したように、現在の日本のプロ野球には「育成枠」があり、将来的に戦力として契約できる可能性のある選手を各球団が持っています。それゆえ、日本でも三軍を置くチームが出てきました。しかし、現在日本に存在する二軍、三軍の環境は、アメリカのマイナーチームより恵まれていると言えます。その環境の違いについてはおいおい触れていきましょう。

ともあれ、**日本のプロ野球における二軍は、選手を育てる場所であると同時に、一軍が勝つための人材を派遣する場所、もしくは一軍選手の調整のための場所といった役割**があります。日本の二軍は、すべては一軍の勝利のために存在しているのです。

アメリカにおけるマイナーリーグの存在意義もまた、

メジャーの勝利のためという部分は同様ですが、特にすぐ下の3Aには、**「育てる」という意識とともに、即戦力がしのぎを削って「一軍昇格を待つ場所」という印象**があります。ですから、シーズン中であろうがなんであろうが、「うちのチームにとって無用」となった瞬間にクビを切られます。日本の二軍の選手は、よほどの不祥事《ふしょうじ》でも起こさない限り、シーズン中にいなくなることなどありません。

ですから、マイナーの選手は突然のクビに備えて、普段から「次の仕事」の準備に余念がありません。彼らには常に、ある日突然野球ができなくなるかもしれない、という覚悟がありま す。球団側にとってマイナー選手は「ダメならいらない」「クビにしてもまだまだほかがいる」という使い捨て感覚の相手、と言い切ってしまうのは辛辣《しんらつ》すぎるでしょうか？　いやしかし、それくらいアメリカのスポーツビジネスは情け無用だということです。普段どれだけ仲が良くても、契約に関しては、情を一切絡ませない、という印象があります。

マイナーリーグにはたとえば3カ月など、短いシーズンを戦うリーグもあって、給料も週給500円ほど、というシステムさえあります。だからこそ、とにかく1年は「プロ野球選手」を名乗ることを許され、支配下選手なら最低でも年俸440万円（育成選手は240万円）が保障され、じっくり育ててもらえる日本の二軍選手は恵まれている、と思わずにはいられないのです。

## 文字通り「ハングリー」なマイナー生活

完全なピラミッド型のアメリカ野球ですが、その差はいたるところに表れます。たとえばメジャーリーグの場合、クラブハウスに専用のコックさんがいて、**ホームでの試合後には、前菜からメイン、デザートまで作られており、果てはビールやお菓子といった食事**が用意されています。「TO GO BOX」と呼ばれる使い捨て容器もあって、持って帰ることもできます。僕は断然家メシ派なので、本拠地での食事は必ず家でとっていましたが、物珍しさから「今日はこんなものがあったよ」と持ち帰り、ヨメと一緒に堪能《たんのう》することもありました。2016年シーズンまでは、遠征先でも**「ミールマネー」という食事代が1日1万円ほど支給されていた**ため、自腹を切らずとも飢えることは絶対になかったのです（今シーズンからは3000円ほどに変更になるようです）。日本では、遠征先ならホテルに食事が用意されていますが、ホームでの試合後にこのような食事が用意されることはありません。

しかし、マイナーはどうでしょう。基本的に試合後の食事は用意されていますが、質と量が、どんどん落ちていきます。もう栄養価などおかまいなし。たとえば僕が所属していた2Aでは、**試合前の練習を終えたあとに、ロッカールームに人数分のハンバーガーがどっかり置かれ、フライドポテトがざっと大きなトレイにあけられているというような状況**でした。まだ十分食べ盛りと言ってもいいような若い選手たちがそこに群がるため、僕が道具の手入れをしてゆっくり戻ったときには、ハンバーガーはすべて消え、フライドポテトの端っこのカリカリした部分だけが寂しげに残っている、というような有様。端っこ、嫌いじゃないですが、それだけでは悲しいものです。

キャンプのときは、「マイナー」はすべてひとくくりです。最下部組織のルーキーリーグも3Aも関係なく、**昼食のときにポンと渡される茶色の紙袋に入ったサンドイッチとバナナやリンゴ、飲み物1本（もしくは牛乳に溶かして飲むタイプの粉など）が食事のすべて**です。メジャーの暮らしをまったく知らなければまだ我慢できるのでしょうが、一度その世界を知ってしまうと、この「紙袋ひとつ」に泣けてきます。僕がこういった経験をしたときはすでに30歳を過ぎていましたので、10代の若者と一緒に「食事」を受け取るときのむなしさといったらありませんでした。メジャーとマイナーを行ったり来たりしていただけに、すぐ隣のグラウンドには、「ときどきチームメイトになる」顔見知りのメジャーの選手たちが笑顔で行き来する様子が見えるのです。「ええもん食ってるんやろうなあ」とますます寂しくなります。周りにいた、メジャー経験のある3Aの選手たちもきっと、そんな悔しさをパワーに変えていたはずです。

それでも、クラブハウスにはなんらかの「食べるもの」がありますが、グラウンドを離れれば、食事面での厳しさはさらにつのります。ほとんどのマイナーの選手たち、特に2Aから下のクラスは十分に食べられるほどの給料をもらえているわけではありませんから、栄養以前に、おなかを満たすことを優先に、ファストフード店などに駆け込むのです。**一番食欲もある伸び盛りの時期に十分に食べられない彼らは、なんとかその境遇から脱出しようと、おのずとハングリーに**なっていきます。

日本でもおなじみのメジャーリーガー、アルバート・プホルス選手は、かつてマイナーリーガーの頃、親子3人で、たったひとつのマカロニチーズの缶詰を分け合って食べたそうです。物質的なアメリカンドリームをすべて手に入れた現在の彼からは想像もつきませんが、そういった経験が、彼を強く優しくしたのも間違いのないところでしょう。

僕がお世話になったカージナルスの2A、ニューヘブン・レイベンズでは、なかなか家賃を払えない**若手選手を、地元のファンが食事付きでホームステイ**させていました。これによって、選手は食費や家賃の不安から逃れて野球に集中でき、地元のファンは我が子のような気持ちで我が町の選手を育て、メジャーに送り出す喜びを得るという、素晴らしい相互関係が生まれていたのです。いかにもアメリカらしいシステムだと思いました。

このように、マイナーの選手にとっては金銭的な負担である食事面ですが、メジャーともなれば、自宅に専用のコックを住み込みで雇って、味だけでなく栄養価も完璧に計算された食事をとっているという選手もいました。もっとも、**多くの選手は試合後、クラブハウスに用意されたもので食事を済ませることで奥さんの負担を減らし、夫婦でゆっくり過ごす時間を捻出し**

ようと頑張っていました。一部の選手は、夕飯は決まって夫婦や恋人同士でレストランに繰り出します。マイナーリーガーのようにファストフード店ではなく、一流どころのレストランがいきつけです。

アメリカ人の奥さんたちの多くは自己主張も性格も要求も強いので、「夫が試合で疲れている」のと、「夫として家族をケアし、私を楽しませる」のとは別物なのです。午前2時に就寝のナイトゲームの翌朝に、6時起きで子供を学校に送っていくなんて「当たり前でしょ。野球選手である前に父親なんだから」と言い放ちます。彼女たちがあまり料理をしないのにも理由があって、「料理の手間を省いて、夫婦の時間、会話を大切にする。あと、台所が汚れる(!)」ということらしいのですが、毎度「一緒に(外食に)行こうよ」と誘われていたうちのヨメは、「家帰ってごはん作るから」と断るたびに、「あーあ、日本人だわねえ！」とからかわれたそうです。ヨメが、「毎日家でごはん食べやがって！」と僕を恨んでいたかどうかは定かではありません。

ちなみに、奥さんたちに言われるがまま外食をする夫たちが、果たしてそれを喜んでいるかというとそうでもなくて、

「いいよね……ソウのところはごはん作ってくれて……」

と愚痴《ぐち》っていたことを、ここにそっと付け加えておきましょう。妻のご機嫌《きげん》を損ねないため

とはいえ、アメリカの男は弱い、いえ、アメリカの女は強かったのです。この話はえんえん続けることができますが、えんえん続けると女性を敵に回しかねないので、このへんでやめておきます。

やめておいてなんですが、日本でプレーする外国人選手、特にアメリカ人が一番気にしているのは、一緒に来日している奥さんの機嫌だと僕は思っています。実際、奥さんが日本に馴染《なじ》めずホームシックになったり、英語を話す相手がいなくてつらい思いをしているとき、彼女たちの愚痴の相手やはけ口は、夫である選手たち以外にありません。そのストレスから、選手の成績が著《いちじる》しく落ちる、という状況を何度も目の当たりにしました。

アメリカ人選手の活躍は奥さん次第、と言っても過言ではなく、チーム側の奥さんたちへの気配りが、その選手の持つ本来の力を引き出すキーになるかもしれません。ここにもやはり、アメリカ女性の存在感、というか強さがにじみ出て……ああ、やっぱりこのへんでやめておきます。

さて、一方日本のマイナー、つまり二軍は、通常、結婚している選手を除いて、社会人や独立リーグ出身でも、学生出身でも、すべての選手が入寮することになっています。寮では栄養がしっかり計算された食事が3食十分に出ますから、それを食べていれば間違いありません。

むしろ、**身体を強く大きくするために、「食べろ」「食べろ」と言われる傾向にあります**から、

「おなかがすいて力が出ないよ……」というアンパンマンに出てくるカバオくんのような状況にはなり得ないのです。ちなみに、アンパンマンは顔が濡れると力が出ないので、雨模様の日の試合には不向きです。ともあれ、アメリカにはこういった寮の制度はありません。

キャンプにおいても一・二軍の食事の待遇はまったく一緒で、ややもすれば僕の年齢ではカロリーオーバーになってしまいます。メニューはいわゆるブッフェスタイルで、肉・魚・サラダが数種類にフルーツ、デザートまでとバラエティーに富んでおり、ときには鍋が用意されていたり、シェフが目の前でお肉を焼いてくれたりと、**単にどーんと置いておくのではない、食べる側に対する心遣い**で溢れています。一応、夕食の席にはアルコールも用意されているのですが、食事のあとにミーティングや練習もあるので、選手たちはその席では飲みにくいのでしょう、あまり手をつける人はいません。僕は若手の頃、先輩たちに「飲まんか！」と言われてほいほい飲んでいましたが、いま「飲まんか」などと言ったらパワハラ、アルハラなのでしょうか。時代の違いですね。

アメリカのマイナー選手は金銭的な事情ゆえに食事がおろそかになりがちですが、日本の二軍選手は自分の意識の持ちようで、いくらでも栄養のとり方を考えることができる。となれば、食事面でもやはり、日本の二軍選手は恵まれていると言えるかもしれません。

## 道具にこだわりを持てる日本人選手

僕らが若い頃は、と書き出すたびに、俺おっさんやなあ、と実感するわけですが、**その頃の野球用具といえば、たとえばバットなら、先輩たちの使い古しをねだって、いただくのが当たり前でした。**スポーツメーカーとアドバイザリー契約を結んでいない選手は、ユニフォーム以外の野球用具は自分で揃えなければなりません。比較的長く使えるグラブやスパイクと違って、1球で折れてしまうかもしれない木製バットは、僕が大学生の頃でだいたい1本1万2000円くらい。材質によっても値段は違うものの、学生にとっては途方もない値段でした。

大学時代の僕はシーズンオフになると、デパートのお歳暮コーナーやクリスマスケーキ作りのアルバイトをして、野球用具の資金を稼いでいました。鍛えられたおかげで、いまでも、ギフトラッピングやケーキのデコレーションは得意です。アルバイトは大変だったけれど、自分で稼いでいる、という充実感がありました。なので、やっと買ったバットが1球で折れてしまったときの落胆は忘れられません。

ですから、**自前で道具を揃えなければならない選手にとっては、バットは質より量**なのです。とにかくたくさん確保しておかないと、翌日試合で使うバットがなくなってしまいます。そこで、先輩にお願いしてバットを譲っていただく、となるわけです。

アドバイザリー契約を結んでいる選手は、何の心配もなく自分のペースで新品のバットを使うことができます。自分の好みに削られた、完全に自分モデルのバットです。とはいえ、同じように仕上がってきているはずでも、持ってみたときのわずかなフィーリングの差は気になるし、一度気になったら、もう試合で使うことはありません。日本の選手はそれくらい、バットに関して神経質です。

新品の木製バットは薄いラップでぴったりとくるまれています。これは湿気を防ぐためのもので、破いた瞬間から湿気が入り込み、バットの重さに変化が表れます。その数グラム、もっと小さなミリグラム単位の変化を選手は感じ取ります。また、特にグリップ、**握りの太さ細さに対するこだわりは、世界的に見ても日本人選手が一番強い**と思います。この握りの、わずか紙1枚以下の違いを、日本人選手は追求しているのです。

どこまで自分の「究極」を追求させてもらえるかは選手のランクによるでしょうが、**日本の二軍の選手たちは、ほぼ全員がどこかのスポーツメーカーと契約、もしくは「用具提供」という関係**を結んでいます。給料の中から泣く泣くバットを買う、という時代はもう過去のことのようです。ときおり試合などで、ほかの選手のバットを借りて打つということがありますが、これは自分が不調のときにちょっと気分を変えるためだったり、絶好調の選手にあやかるためにお借りする、という形です。やはり本来は自分のバットが一番だし、愛着もある。ですから日本の野球選手は、自分の野球用具を本当に大切に扱います。これは少年野球の頃から徹底して指導されているからこそでしょう。

マイナーの頃、おふざけの好きなチームメイトが、僕のバットをグラウンドに放り投げたことがありました。渡米したばかりで英語もろくに話せなかった僕は、いつもとにかくひたすら微笑《ほほえ》んでいたのですが、その穏やかなはずのちっこい日本人が突然顔色を変えて食ってかかったので、相手はたいそう驚いていました。

結局、**日本人にとって道具がいかに大切であるか、その道具を投げられたことがどれほどの屈辱であるか**を身振り手振りで伝えると、彼は理解し、謝罪してくれました。それ以来家族ぐるみの付き合いも始まりましたので、文化の壁を乗り越えた気がしたものです。

日米の精神性の違いもあるでしょうが、アメリカの野球選手で「道具に魂が宿っている」と感じているのは、ごくごくわずかでしょう。おおよその選手にとっては、バットやグラブは単なる道具でしかなく、メジャーならクラブハウスの用具係がすべて手入れをしてくれます。自分で感謝を込めながら、時間をかけてグラブやスパイクを磨いている選手は、ほとんど見たことがありませんでした。

これが**マイナーともなると、質よりもまず、物理的にバットの本数を揃えるのが先決**です。先にも述べたように、僕が所属していた2Aの試合用ヘルメットは割れた部分を白いテーピングで補修してありましたし、バットも新品ばかりではなく、誰かのお下がりを使っている選手がたくさんいました。

アメリカでは日本同様に少年野球が盛んです。たとえばセントルイスの中でも裕福な地域には、カージナルスのユニフォームをそっくり真似してサングラスをかけ、プロ顔負けのベースボールカードを作るチームもありました。ガムを嚙《か》みながら天然芝の上でプレーする恵まれた子供たちがいる一方で、その子供たちが憧《あこが》れてやまないプロの世界で、用具の調達に苦しみ、ボロボロのバットを使いながらメジャーを目指す選手たちがいるという現実に、なんとも不思議な気持ちにさせられるのです。

## 空港でゴロ寝する3Aの選手たち

次に比較したいのは、移動手段についてです。

メジャーでは、原則としてチャーター機で移動します。本来空港ですべきセキュリティーチェックも、一般の旅客と同じ金属探知機を通るのではなく、球団が用意したバスに乗る時点で手作業で行われ、そのままバスごと飛行機に横付けするのです。

移動先でタラップを降りるとまたそこにバスが待っていて……という具合で、ワールドシリーズともなれば、そのバスをパトカーや白バイが先導して、信号すべてを無視してノンストップで目的地に向かいます。

「大事件を起こした犯人の護送みたい」（ヨメ談）なのです。広いアメリカ大陸ですから移動時間はそこそこ長くなりますが、**周りにいるのはチームの人だけで、自分が何もせずとも目的地まで運んでくれるという気楽さは魅力**でした。

着陸するのもメインの大きな空港でなく、場所によっては地方の空港を使いますので、一般のお客さんも少なく、混雑に見舞われることはまずありません。ヒューストンに到着したとき、軍関係のような見慣れない飛行機や機材が並んでいるなあと思ったら、米航空宇宙局（NASA）関係の空港だった、ということもありました。

ブルージェイズが本拠を置くトロントはカナダですから、アメリカからは国境をまたぐ移動になります。当然、入国審査、税関検査が必要になりますが、僕がいた頃は空港に着くと飛行機の中に係員が入ってきて、パスポートなどをチェックしてOK、という段取りになっていました。いちいちゲートに並ぶ必要がないのです。いまはさすがにそこまではやってくれず、入国管理・通関のゲートを通るようですが、それでも専用のゲートなのでスムーズです。日本では、プロ野球チームだから専用ゲートを用意する、ということはまずないでしょう。これはもう、**国における野球の位置づけの違い**としか言えません。

メジャーにおける移動の関門といえば、やはり時差でしょうか。個人差がありますが、東西3時間の時差はなかなかやっかいです。ニューヨークやボストンなどの東海岸から、ロサンゼルスやサンフランシスコの西海岸への飛行時間はだいたい6時間。東から西に移動するときは西のほうが3時間遅れですから、たとえばデーゲームを終えて、東時間の午後8時に出発すると西時間の午後11時着です。この東から西への移動はいいのですが、逆が大変なのです。西の午後8時出発だと、飛行の6時間＋時差3時間ということで、東時間の午前5時着になって、これだけで「一日仕事」になります。どこでもすぐに眠れる人はいいのですが、人間、そんなにコロコロ体内時差を調整することはできません。

家族もまた、この時差に泣かされます。東海岸にヨメと子供がいて、僕が西海岸にいると、試合が終わって午後11時に電話をすれば、家族はもうぐっすり就寝中の午前2時。僕がゆっくりしたあと「そろそろ寝るわ」と午前2時頃に電話をすれば、ヨメは朝5時にたたき起こされるわけです。ずっとやっていましたがさぞ迷惑だったことでしょう。

ちなみに**メジャーは試合が終わったあとは長居せず、すぐに次の遠征先、あるいはホームタウンに移動**します。ナイトゲーム後でも深夜1時、2時という時間に出発しますから、地元に帰るときは、午前4時や5時に家族が空港まで迎えに来てくれたものでした。ヨメ、毎度寝不足です。

そんな待遇が当たり前のメジャーに対して、マイナーリーグの移動は、とにかく体力・気力を使います。3Aでは移動に飛行機を使うこともありますが、バス移動もありますし、**2Aに**

**なると、ほとんどがバスでの長距離移動**です。

3Aの頃、メンフィスからニューオーリンズまで8時間ちょっとのバス遠征の日は、集合地点が、ただでさえ治安の悪いメンフィスの中でも、もっとも緊迫せざるを得ない地域でした。しかも出発は午前4時頃。まっくら。アメリカ人でも周囲を恐れて震え、大きな選手たちが僕の後ろにさりげなく隠れていたものです。なぜか日本人はみんな空手の達人だと信じているせいで、守ってくれると思っていたのでしょう。バスに乗る前にすでに「襲われるんちゃうか」と気持ちの面でへとへと、降りたら首と腰が痛くてへとへとでした。

マイナーでは飛行機を使う場合でも、最安料金のチケットを使います。ということは**仮にその都市への直行便があっても使わず、必ず経由地がある格安チケットを使う**のです。たいていの場合は早朝便で、その乗り換えの疲れることといったら……。

試合続きのあとの早朝移動で疲れ切っていることもあり、乗り換え待ちの空港で、大きな身体の選手たちが床にゴロ寝するということもしばしばありました。アメリカ人は、割と平気で公共の場所の床に座り込むことがありますが、さすがに寝そべる人はそうそういません。しかも、伸びて熟睡しているのは身体のいかついプロの野球選手です。新春マグロのセリ市か！　球団も見るに見かねて、「寝そべり禁止」と言い渡していました。

座席も当然「ファースト」や「ビジネス」ではないので、一般旅客の間に挟まれます。3人席の真ん中で、両側が巨体のふたりだったときのつらさは忘れられません。そんな状態でなんとか目的地に到着し、**一度もベッドで休むことのないまま次の試合を迎える**というのが当たり前。到着が遅れて、試合観戦のために並んでいるお客さんの横を通って、疲れ果てた選手たちがぞろぞろ球場入りするなどという光景も思い出されます。いや、自分もその列の中にいたのですが。それがごく普通に起こるのが、マイナーの「日常」でもあるのです。

日本の一軍の移動は、公共の飛行機と新幹線がメインです。新幹線といえば、ときに人気選手は駅でも人垣に囲まれ、プラットフォームなどでも人が群がり立ちふさがるので、事故の可能性もあり、危険を感じさせます。このあたりは対策を講じる必要があるでしょうし、ファンの方の良心に委《ゆだ》ねる部分が多くあります。

二軍は新幹線と、バス移動を多用します。グリーン車には乗れません。しかし日本自体がそこまで大きな国ではありませんから、移動時間は長くても3時間程度でしょうか。ときに12時間以上もバスに揺られる米マイナーに比べたら、体力的にはかなり楽なはずです。ただし、**二軍の試合はほぼ全部がデーゲームなので、早朝の移動が多く、慢性的に寝不足ですから、へとへとになるのは確か**です。

かつてオリックスでの現役選手時代、当時の千葉マリンスタジアムや西武球場への移動では、東京駅から定宿まで40分ほど在来線を使うことがありました。時間が読めるので便利ではありましたが、一般のお客さんと同じ電車に乗り合わせるという緊張感で、多少疲れることもありました。たとえば、うっかり口をぽかーんと開けたまま寝たりなどは、とてもできません。間抜けな寝顔ではなく、真剣な顔でフィールドにいる姿だけを知っていてほしい、という見栄だってあるのです。

## 世界に誇れる日本のトレーナー

なにかと派手に伝えられがちなメジャーの待遇の良さ。とはいえ、だからアメリカが何もかも上なのかというと、そんなことは絶対にありません。技術的にも、環境的にも、派手さはなくとも日本野球には誇るべき点がたくさんあります。中でも、**勤勉博学なトレーナーさんの存在は、日本野球の要**とも言えるでしょう。

日本では、各球団に専属のトレーナーがいて、毎日の練習や試合前、試合中、試合後など、その**選手のポジションや状況に応じて、疲労回復やリハビリ、ケガ防止などさまざまな目的でマッサージを含むケア**をしてくれます。一軍も二軍も関係なく、選手の体調管理に全力を注いでくれるトレーナーさんなしに、パフォーマンスの向上は語れません。

一方で、アメリカではどうでしょう。

メジャーにも、球団専属のトレーナーは存在しています。彼らはちょっとしたケガや違和感を覚えた際に、部分的なマッサージをしてくれたり、薬用クリームなどで外的な対応をしてくれたりはしますが、知識はあっても文化の違いから、「身体全体のバランスを見て微調整をする」ということはまずやりません。そもそも、そういった細やかなケア自体が、アメリカでは主流ではないのです。

たとえば腰が痛んだとしたら、必ずそこにつながる部位の張りが影響しています。東洋医学では、身体を「ひとつながりのもの」ととらえますから、腰につながっている足の筋肉までもほぐしていくというのが当たり前の考え方です。が、**背中も太ももも触ることなく、腰の痛い部分をピンポイントでマッサージして、ゲームに出られる状態にしようというのがアメリカ式**です。

マッサージにしても、アメリカのそれはあくまで「心地よいもの」であり、深層の筋肉までをもほぐすために、ときとして痛みを伴うほどのマッサージをするなどは言語道断です。僕が足の裏を棒でほぐしている様を真似した選手たちは、あまりの痛みに悶絶し、「そんなことをするのはクレージーだ」と笑っていました。しかし日を重ね、ケガをしない僕を見ているうちにだんだん興味が湧いてきて、あえてチャレンジする選手が増えていきました。足の裏の硬さがいかに身体全体へ悪影響を及ぼすか、身をもって知っていったのです。

こうしたケアが日本では当たり前に受けられるのは、ありがたいことです。日本では二軍の選手でも、「お願いします」とマッサージベッドに横になれば、トレーナーさんが丁寧に対応してくれます。しかしアメリカの、特にマイナーともなれば、選手同様トレーナーもまた駆け出しです。2Aのレベルでは、**知識も技術も「勉強中」のトレーナーがいるだけ**ですから、自分の身は自分で守らなければなりません。日本人選手が多いチームでは、チームのはからいで日本人トレーナーを雇用することもありましたが、それはあくまで特例であって、あとは、選手個人が自腹で専属トレーナーを雇うしかないというのがこれまでの現実でした。しかし、現在では日本人トレーナーの能力が高く評価されたことで、たとえ日本人選手が在籍していなくても、日本人のトレーナーを置くチームも出てきています。

それにしても、長らく日本式のマッサージを受けるのが当たり前だった僕にとって、このアメリカ式トレーナーの対処法だけでシーズンを乗り切ることはほぼ不可能でした。ケガの対処以前に、ケガをしないための日々のメンテナンスが何よりも重要だからです。在米中にヨメがあちこちを調査して、ときには身体を張って実験台となってくれて、何人かの信頼できるマッサージ師と巡り会うこともできましたが、引っ越しを含めた移動の多い生活では、連日のケアなどままなりません。結果、ヨメが毎日マッサージ師と化してくれることになりました。

日本の野球選手で、奥さんにマッサージをしてもらう、という人はほとんどいないでしょう。プロの筋肉を力の弱い女性が扱えるとは思えませんし、**素人に触られることによって、調子が**

**狂うのを恐れる場合もあるはず**です。それほどおおよその日本人選手は、体調管理に神経質です。投手の中には、利き腕をかばい、我が子を抱き上げることすらしない人も大勢います。

しかし僕の場合、背に腹は代えられませんでした。幸い、うちのヨメはか弱くもなく、力も強く、スポーツ経験者でもあったため、さほどの抵抗もなくマッサージをしてもらえるようになりました。彼女にとっては、毎晩1時間近くプロ選手の筋肉をほぐすのは、かなりの苦行だったと思います。のちに語ったところによると、引退した瞬間に、「ああ、もうこれでマッサージしなくていいんだ」と思ったらしいので、たぶんすごくしんどかったのでしょう。

それにしても、メジャー選手の身体に対する鷹揚《おうよう》さには恐れ入ります。子供を抱き上げるのは当たり前ですし、シーズン中に利き腕でボウリングだってするのです。あまり細やかすぎるとやっていられない――**メジャーは、繊細さと同時に、神経の太さを求められる場所**でもありました。

ただし、実際に日本式のマッサージや整体を受けたメジャーリーガーが、その効力にすっかりハマってしまうこともありました。先述した足の裏ほぐしのように、練習や試合後に僕が自分で行っていたケアは、どのチームにいても注目の的となったのです。イチロー選手も然《しか》りですが、**ある程度の年齢になってもケガなくプレーできる日本人選手の手入れの仕方を、メジャーリーガーが参考にすることも、多くあった**と思います。

## キャンプの格差

メジャーとマイナーとでは、かように格差が大きいアメリカ野球。しかしメジャーの世界が天国かと問われれば、待遇だけを考えればその通りでも、そこで体感するプレッシャーはとてつもなく大きく、マイナーとは比ぶべくもありません。心・身・技すべてにおいて本当の戦いはメジャーにあるのです。そしてそこにたどり着くまでの競争は、日本野球では見られないほど熾烈を極めます。

また、メジャーという天国とマイナーという地獄が隣り合い、それぞれの住人にお互いの「暮らしぶり」が見えてしまう、という点にも、**「悔しければここまで上がってこい」「ここに来ればおいしいものを食べられる」**などと**具体的にゴールを見せるアメリカらしい現実主義**があるような気がします。

2002年に渡米し、カージナルス入りした僕は当初、メジャーとマイナーを行ったり来たりしていました。そのときに参加したキャンプはまさに、メジャーとマイナーの格差を象徴するものでした。

まずは練習の始まりのウォーミングアップ。メジャーはメジャーだけで集まってじっくりと行うのですが、マイナーは全員一緒です。つまり**ルーキーリーグから1A、2A、3Aの選手が合同で行う**のです。年齢差で言えば、高校生くらいから、年長ならば40歳近い選手がライバルとしてともに練習するわけです。

キャンプ中のマイナー待遇には上も下もなく、十把ひとからげです。3Aだから2Aより少しばかり扱いがいいということもありません。数にすると4〜5チーム分、チームにもよりますが、**多ければ総勢160〜170人ほどが同じグラウンド**で、ところせましと一斉に身体を動かし始めます。

メジャーも隣り合ったグラウンドで、同時に練習を始めます。マイナーの大集団から見ると、余裕しゃくしゃくのメジャーの集まりはなんともうらやましかったですし、メジャーの一員としてマイナー組を眺めたときには「うわー、絶対あそこではやりたくないな」と思ったものです。

メジャー組のキャンプは押しも押されもせぬメジャー契約をしているバリバリのレギュラークラスに、日本で言う一軍半クラス、さらにちょっとお試しで参加させてみようという招待選手らが加わった60人程度で始まります。そこから**ベンチ入りの25人枠へ絞り込まれていく**のです。

メジャーには40人枠というものがあるので、まず20人ほどが比較的早い段階で下部チームに落とされます。残り40人のうちには、将来有望であるとして、一度メジャーのキャンプを経験させてみようという育成プログラムの一環で送り込まれている選手が10人ほど含まれているので、「経験」が終われば彼らもやがて予定通りマイナーに落ちていきます。これで残りは30人前後。

そもそもベンチ入りの25人枠は選手それぞれの契約などによって、ほとんど固まっています。ゆえに、**キャンプ時の競争によって決まる席は1つか2つというのが現実**です。ですから、このわずかな残りの席を最終的には4、5人で争う形になります。

競争社会といっても「よーいドン！」で一から競争、というポジションは基本的にありません。選手のロッカーの配置がそれを示しています。カージナルスの場合だと、最初に60人の「メジャー組」でスタートするとして、入り口から向かって左側のロッカーから順にレギュラー組に割り当てられ、右側から奥はやがていなくなると想定される選手に割り当てられていました。

カブスの場合だと25人枠に入るべき選手とそうでない選手が交互にロッカーを与えられていました。これは、最初は気づかなくても、慣れてくると「自分がチームにどの程度期待されているか」が一目でわかる、残酷なロッカー配置だったのです。メジャーが確定している選手たちのロッカーは、1つずつ間をあけた状態になっており、そこに挟まるように、「現段階で戦力としては期待されていない」「たぶん途中でマイナーに落ちる」などと思われる、立場の不確定な選手が入ります。つまり、メジャー、不確定、メジャー、不確定、という感じに並んでいくのです。日が経つにつれて予想通りに「不確定」たちは抜けていき、最終的にはまるで最初からそこに誰もいなかったかのように、メジャー組は両隣があいたスペースをゆったりと使える、というわけです。自分のロッカーが有名選手のすぐ隣にあれば、「ああ、いなくなること前提か」と思ったり、有名選手からひとつあけてあれば、「期待されているのかな」となるわけです。もちろん、すべてが予想通りにはいきませんが、あまりにあからさまな配置でした。

両極端な世界がフェンス1枚隔てて並列する中で、メジャーのキャンプ、オープン戦は進んでいきます。メジャーからマイナーへの降格を告げられるのは、たいていの場合午前9時から10時くらいの間。渡米以来数年間、ヨメはその時間になると一切の家事が手につかなくなり、ひたすら祈っていたといいます。10時までに僕からの電話がなければ「今日も生き残ってくれた」と安堵《あんど》し、再び掃除機をかけ始めたとか。

メジャーから3Aに落ちてくる選手がいると、トコロテン式に3Aから2Aに押し出される選手がいます。メジャーのキャンプ地には広大な敷地に5、6面の球場があって、それぞれメジャーからマイナーまで使い分けているのですが、**明日の自分が、その中のどの球場にいるかわからない、というのがマイナー選手の悲哀**です。

キャンプではメジャーの選手とマイナーの選手という区別があるだけで、カージナルスでは1Aから3Aまで120～130人の選手が、狭いグラウンドで一緒にアップをしていました。

まさに「芋の子を洗う」状態です。それをマイナー担当の30人くらいのコーチが見守る光景は、はたから見るとかなり異様だったはずです。

競争とは言いながら、**マイナーでいくら頑張っても、基本的には「空席待ち」をするしかないというむなしい面**がメジャーのキャンプ、オープン戦にはあります。そして、席を確保した「特権階級」に入ると、キャンプの調整がマイペースでできるうえ、オープン戦の時期に、何試合連続ノーヒットということがあっても慌てる必要がありません。契約上、マイナーに落ちる心配がないのですから。

マイナーからメジャーに這い上がろうという選手は、オープン戦では一打席、一打席が勝負です。ヒットか凡打で人生も変わる、という状態が何試合も続きます。このプレッシャーのもとにバットを振るのと、「無安打でもいいや」と力を抜いて振るのとではまるで条件が違うわけで、**メジャーの地位を確固とした選手はますます有利に、マイナーの選手はますます追い詰められてハンディを負う**ことになります。

一方、日本のキャンプの場合はどうでしょう。まず、アメリカになくて日本にあるものが秋季キャンプです。オリックスでは11月になると高知で20日間弱の秋季キャンプに入ります。ここに参加するのは一軍や、一軍枠に入りうるとみなされた選手たちで、二軍の選手や、ケガの回復時期にいるような選手は、本拠地で練習をします。

春のキャンプもまた、一軍確定組、一軍ぎりぎり組、そして、二軍でじっくり成長待ち組など、おおよそのグループに分かれます。確実に**一軍を決めている選手以外は、どんなチャンスも逃すことなく首脳陣にアピールすることが求められますが、一軍確定組は、開幕に備えてとにかく鍛えて1年間戦い抜ける体力をつけることがキャンプ中の課題**です。

いずれにせよ、一軍確定で自分のペースだけを考えて調整できる選手は、ごくごく一握りでしかありません。そのほかの当落線上組は、いかにして一軍監督やコーチにいいところを見せ、「推薦してもらう」かの勝負時ですし、僕ら二軍のスタッフもまた、なるべく一軍監督を二軍のフィールドに引き留めて、お勧めの選手を1分でも1秒でも長く見ていただくのが仕事になります。一軍監督、すなわち福良さんが隣の一軍フィールドに帰っていきそうになると、

「いやいやいやいや！　福良さん、もうちょっとおりましょうよ」

などと、強引なセールスマンのように懇願《こんがん》するのも、僕にとっては大切な仕事のひとつなのです。

## 試合数の差に見る日米の違い

這い上がるためにはいばらの道を通らなくてはならないアメリカのプロ野球システムですが、**試合数の多さは日本のプロ野球も参考にできる**のではないでしょうか。以下は数字の苦手な方

は、時間をかけてじっくりお読みください。

マイナー組であっても、３Ａ、２Ａ以下のどのクラスであれ、チームとして集まって１、２日もすると、チームメイトの顔も名前もわからないうちからもう試合が始まります。３月10日くらいからは毎日試合、試合、試合です。１チームあたりの人数は25人ですから、みんながとにかく試合に出続けることになります。

シーズンでもマイナーは１４０試合前後あり、これを4月から8月までの5カ月間でこなします。単純に1カ月30日として5カ月で１５０日。休みはシーズン中に10日あるかないかです。メジャーとなるとさらに試合数は増え、4月から9月までのレギュラーシーズンだけで１６２試合、さらにその後、勝ち進んだチームはポストシーズンを戦います。勝ち抜き制なので、早く勝負を決めれば数は減りますが、常にぎりぎりで勝ち抜けていくと、ワイルドカードゲーム(1戦)、ディビジョンシリーズ(5戦3勝制)、リーグチャンピオンシップ(7戦4勝制)、ワールドシリーズ(7戦4勝制)を消化しなくてはならず、最大でさらに20試合を戦うことになります。

一方で日本のプロ野球界はどうかというと、２０１６年度の一軍は、**リーグ内で１２５試合、セ・パ交流戦が18試合で合わせて１４３試合**でした。これを3月末の開幕から、10月初旬までの7カ月間で消化します。その後、各リーグの3位以内のチームがクライマックスシリーズに参加し、ファーストステージ(2位と3位のチームが3戦2勝制)、ファイナルステージ(ファーストステージの勝者と1位のチームで4勝制、しかし優勝チームは1勝のアドバンテージを持っているので最大で6試合しか行われない）、日本シリーズ（各リーグのファイナルステージ勝者同士で7戦4勝制）を戦うことになるので、最大16試合が追加されます。

1年間に約160試合というのはけっこうな数なのですが、先にメジャーの試合数を知ってしまうと、思っていた以上に数が少ないように感じてしまうのが正直なところです。

しかし、二軍の場合はさらに試合数が減ります。オリックスが所属する**ウエスタン・リーグでは1球団最大132試合**で、そこにイースタン・リーグとの交流戦や、アマチュアチームとの練習試合が追加されていきます。ただし、これらは公式の記録としてはカウントされません。

2016年度で言えば、オリックス二軍チームは公式戦で116試合（本来は131試合を予定していたが、15試合が雨天等で中止）を行いました。そのほかに交流戦・練習試合で16試合、春季教育リーグで6試合、みやざきフェニックス・リーグで12試合があり、これらを足すと150試合になりますが、シーズン中の公式試合だけで140試合前後を行うアメリカのマイナーリーグに比べると、その差は歴然としています。

日米でこれだけ試合数に違いが出るのは、先にも述べたように、日本とアメリカとで社会におけるプロスポーツの立ち位置が違うからでしょう。メジャーの移動に専用のチャーター機を使い、場合によってはパトカーが先導してくれるのはなぜか？　これは、**それだけ野球が国家の大切な文化行事のひとつと認知されているから**ではないでしょうか。当然それは集客数にも表れていて、たとえば応援している地元チームのチケットを手に入れたならば、会社を早退してでも観戦に行くのは決して珍しくないし、それを上司が笑顔で送り出す、なんていう気質もあるのです。日本で同じことをしたら、出世に響きそうです。

ともあれ、こういった文化の違いなど、さまざまな事情があることはわかるのですが、日本でもどうにかして試合数を増やすことはできないかなとも思うのです。

試合がない、ということの選手にとっての**一番の問題は、成功の経験を生かしにくいこと**です。試合の中で「いい感覚」というものをつかんだとしましょう。試合が続いていれば、「いい感覚」を忘れないうちに実践し、刷り込むことができるのですが、試合がとびとびだと感覚を忘れてしまいます。いわゆる「試合勘」は試合でしかつかむことができません。

また、ただでさえ試合数の少ないファームの選手が、すべての試合に出られる保証はありません。前章で述べたように、出場機会の少ない一軍の選手に「試合勘」を忘れさせないために、「ちょっとAを行かせるから、４打席立たせておいてくれ」と言われれば、A選手は打とうが打てまいが４打席をもらえるし、おのずと出場予定だったファームの誰かはチャンスを失います。

メジャーのキャンプ、オープン戦では必ずしも競争原理が機能しているとは言いがたいですし、マイナーで好成績を挙げたからといって、即座に上に行けるわけではないのですが、こうした**試合漬けの日々の中で、練習だけでは身につかない実戦のスキルが磨かれていくのは確か**です。実戦でこそ人は育つという米国流にはやはり、なるほどと思わされる面もあります。

## マイナーリーガーの運命が変わる月

メジャーの戦いは9月に入ると大詰めを迎え、ポストシーズンを狙う「勝ち組」と、来季に目標を切り替える「負け組」にはっきりと分かれます。では下位チームがおとなしくしているかというと、そうではありません。大きな波乱要因となる毎年恒例のベンチ入り枠拡大の措置が9月から始まるからです。

その名も「セプテンバー・コール・アップ」。メジャーでは**9月1日から、登録枠が25人から40人に**広がります。この人数がそのまま全員ベンチ入りすることも、制度のうえでは可能です。

僕が在籍したカブスのリグレー・フィールドのベンチはとても狭いものですから、40人も入れたら、それこそ満員電車のようになってしまいます。

そういう理由ではないでしょうが、ぎりぎり40人まで詰め込むチームはほとんどなく、**各チ**

**ームともだいたい5、6人ずつ増やして30人あまりがベンチ入りする**ようになります。

このセプテンバー・コール・アップの枠は多くの場合、**来季以降に向け、若手の「プロスペクト＝有望株」を試すため**に使われます。特に下位球団にとっては、そのシーズンの勝敗は半分どうでもいいわけですから、終わったことは忘れて、新戦力を試す絶好の機会となります。

地区リーグで下位に沈んでしまったチームは、シーズン中にもかかわらず、早くから主力をトレードに出して翌シーズン以降の巻き返しに備えるところも出てきます。ここまであからさまに「ギブアップ」してしまうのもどうかという気はしますが、これもメジャーならではの割り切りと言えますし、「勝負を捨てたのか！」とファンからブーイングを浴びることもありません。日本なら「最後まで諦めるな！」と言われてしまうでしょうが、アメリカではボロボロでも一矢報いる、なんていうことは求められず、ファンもまた、さっさと気持ちを切り替えて、来季の新ヒーローを待ち焦がれているのです。ですから、こうしたチームに所属するマイナーリーガーにとって、9月は「待ってました！」という月でしょう。

そんなわけで、この時期になると新しい戦力が3A、あるいは2Aから呼び上げられます。つまり「コール・アップ」されるわけです。この選手たちが波乱要因になるというわけはもう想像できるでしょう。

自動車の免許で言うと「仮免」のメジャー登録とはいえ、念願の舞台に昇格した彼らのモチベーションは違います。なんとかこの1カ月で結果を残し、来季は最初からメジャーに定着するんだという意気込みではちきれんばかりです。

チーム全体としては終了モードでも、そんなことは彼らに関係ありません。むしろ、「チャンスをくれる弱いチームでありがとう」という気持ちでしょうし、**このときに頭角を現した選手たちによって、その年の上位球団が、翌年には足をすくわれるということがしばしばある**のです。

僕自身、2度ほどこの「仮免メジャー」を経験しています。カージナルス時代の2002年と2003年の9月です。03年の9月にメジャーに昇格した際は、月間3本の本塁打を打ちました。突然出てきて、小さな身体（メジャーでは）でホームランを打ったのですから、相手も「こいつは何者だ?」という感じだったでしょう。

もちろん、こちらがそういうプロスペクトにやられることもありました。ポストシーズンを狙うチームだった側としては「とんでもない迷惑な奴。勝負はもう決まっているんだから空気読めよ」とでも言いたくなりますが、僕がそうだったように「コール・アップ」された選手にとっては、相手チームの事情なんかどうでもいいのです。なにしろ己の人生がかかっているわけです。

下位球団にとってはなにかと寂しくなるシーズン末ですが、そうした**若手選手たちがどれだ**

**け活躍するかという楽しみがあるため、ファンは興味を失わずに最後まで観戦することができる**のです。若手が少しくらい活躍しただけで、ペナントレースに下剋上が起きることはまずないのですが、この制度が9月戦線に活気をもたらします。

もちろん、チームにとっても単なる消化試合ではなく、**期待の選手に経験を積ませる場として有効活用できる**わけで、そういう意味でも9月のベンチ入り枠の拡大は合理的で、メジャーの制度はよくできていると舌を巻かずにはいられません。

僕は03年のコール・アップで結果を残したことにより、04年以降、ベンチ入りの当確を手にしました。しかし、いざ「コール・アップ組を迎え入れる立場」になると、これはこれで面倒なことが生じかねません。

コール・アップ組はとにかく必死でアピールします。誰かがノックを受けようとしているにもかかわらず、前に立ちはだかってどこうとしない選手もいました。打撃でも状況を考えることなく、自分のいいところを見せようとするものですから、いわゆるチーム・バッティングなど望むべくもありません。こういうやんちゃな選手が出てくるところが面白いといえば面白いし、その勢いでとんでもない活躍を見せたりもするのですが、チームワークをも乱しかねず、「ちょっと勘弁してくれよ」とぼやかれてしまうケースもありました。

メジャーにはこうした枠の拡大措置がある一方、メジャー契約している選手を一定回数を超えてマイナーに落とす場合はリリースしなくてはならない——つまり、いったん契約を解除して、結び直さなければならない「option（オプション）」という制度があります。次項にて解説しますが、それによって他球団に移る選手もいますし、マイナー契約でも残る選手もいます。

これはメジャーとしての身分をできるだけ保障させる選手側の権利のひとつですが、**結果的にメジャーとマイナーの入れ替えを制限することに**なります。戦力として考えている選手をリリースすることになった場合、万が一よそに行かれてはいけない、という抑止力が球団に対して働くわけです。

日本でもこうした9月のベンチ入り枠拡大と、事実上の入れ替え制限を組み合わせることで、シーズン終盤の戦いをより盛り上げることができるのではないかと思います。これによってたとえば常勝の、二軍に実力ある選手を多く持つチームでも、一・二軍の選手の入れ替えには相当神経を使わざるを得なくなります。一方、故障者続出のチームでもベンチに30人も入れられるようになれば、支配下選手すべての力を振り絞って戦うことができるかもしれません。こうなればファンにとっても「消化試合」ではない楽しみが増えるし、選手としても、興味を失われて閑散とした、寂しい観客席を見ることは少なくなるだろうと、想像は膨らむのです。

## メジャーに立ちはだかる「option」の壁

「セプテンバー・コール・アップ」については、マイナーリーガーがメジャーに昇格する話をしました。一方、メジャーとマイナーの間には、喜ばしい「昇格」だけではなく、実力以外の理由による「降格」もあるのです。メジャーリーガーが下部リーグに落とされる要因のひとつに、日本にはない仕組みがあり、それが先に紹介した「option」というものです。ちょっぴりややこしいので、この章はゆっくりと嚙みしめながら、もしくはメモを取りながらお読みください。

「option」を直訳すると「選択権」という広い意味になりますが、**野球用語としては、「球団側が選手をマイナーに落とす権利」という意味**で使っています。「球団がオプションを行使し、誰々を3Aに送った」というように使うわけです。

メジャーとマイナーの間にいるような選手にとって、このオプションは最大の壁と言えるでしょう。

ただし、球団側がこのオプションを制限なく使えるわけではありません。この**権利を行使できるのは3回まで**ということになっています。確か、累積20日間で「マイナー落ち1回」とカウントされるのですが、1シーズンの間であれば、球団は何度でも選手をマイナーに送ることができます。

メジャーの「オプション」システム

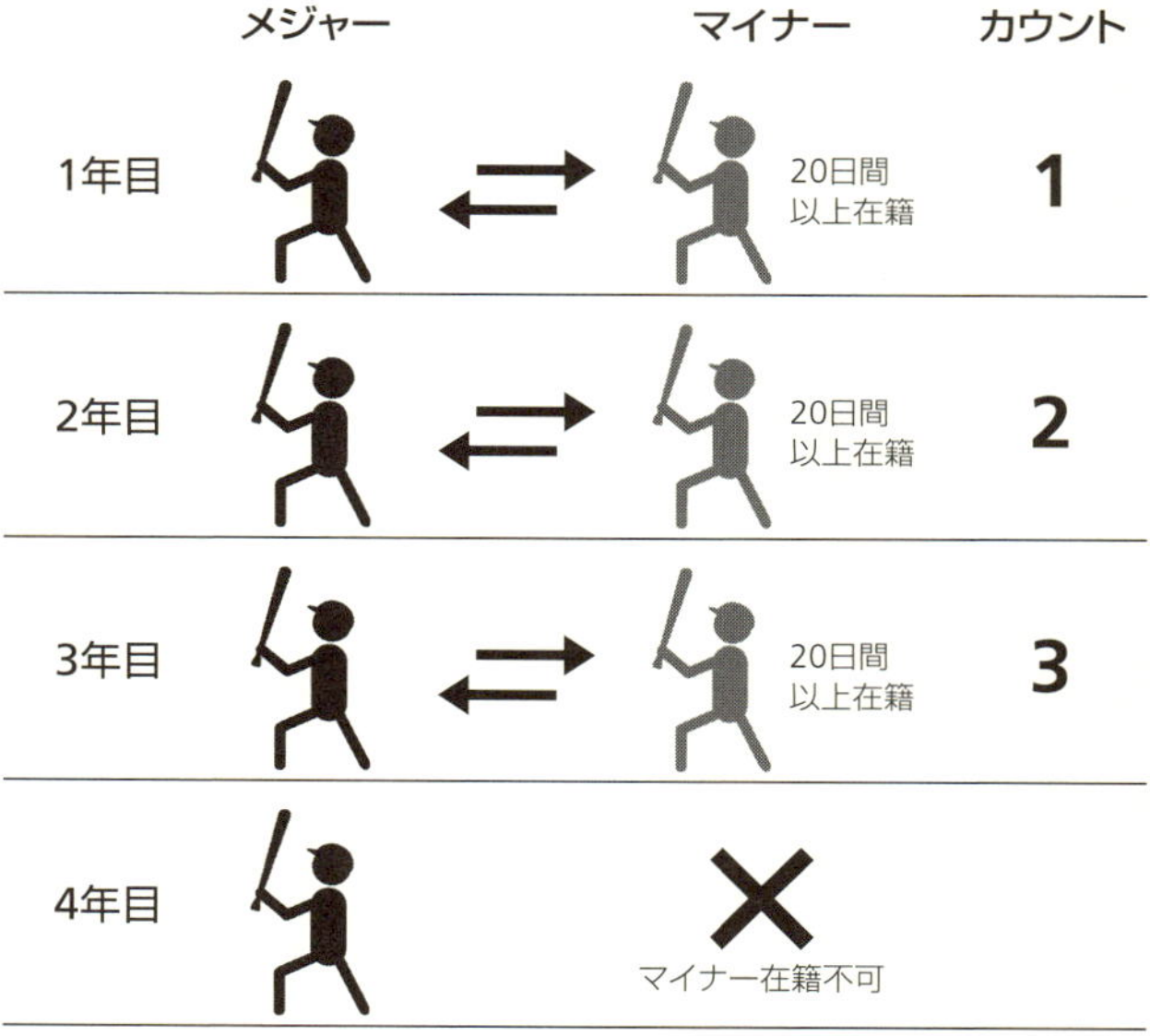


けれど、もし3シーズン、メジャーとマイナーを行ったり来たりして3回のオプションを使い切っているにもかかわらず、それ以降もマイナー待遇となる場合、球団はその選手をウエーバーにかけなくてはならない、つまりいったん保有権を手放して、ほかの球団に獲得意思があるかどうか確認しなくてはなりません。

さらにひとりの選手に対してのオプションの行使は、どのチームの所属かにかかわらず、1シーズンは1回とカウントされていきます。ですから、アメリカの野球界において通算3回のオプションを

3シーズンにわたって行使された選手については、その段階で所属している球団はもちろん、移籍先の球団にもオプションの権利はなくなります。となると、それまでにきちんと結果を出して40人枠にさえいれば、4年目には落とされる不安のない堂々のメジャー待遇となる望みが出てくるのです。

球団が持つオプションという権利の厳しさは、僕も身にしみています。02年に渡米した当初、カージナルスが僕をマイナーに落とせるというオプションを持っていました。メジャーに昇格し、結果を出せているのに、なぜかマイナー落ちということもありました。

04年はキャンプの早い段階でトニー・ラルーサ監督から「今年はおまえをずっと上に置いておく。マイナーには落とさない」と言われ、腰を落ち着けて自分のペースで調整を進めることができました。

ところがいざシーズンに入ると、8月にマイナー落ちしました。「契約の関係で、落としてもいいのはおまえのほかにいないんだよ」と監督も心苦しそうでした。ほかの選手は球団のオプションがなくなって、もうマイナーに落とせないというのです。メジャーでは**そのときの選手の調子うんぬんより、契約条件の関係で「ファーム落ち」が決まることがある**のです。「理不尽だ！」と叫びたくなりますが（実際に叫びましたが）、契約社会ゆえのリスクとも言えましょう。

当初は僕もわけがわからず「なんでオレが落とされんねん」とがっくりしていたものでした。しかし、やがて慣れてくると、「オプション」はマイナーに落とせない選手から駆け出しの選手まで、**さまざまな立場の選手をやりくりしていくための仕組みで、球団にとっては不可欠の権利**らしい、ということがわかってきたのです。そして**メジャー定着を目指す選手にとっては、それが乗り越えるべき大きな壁のひとつ**になっていたのです。そもそも、押しも押されもせぬ選手ならば、オプションなどは無縁なのですから。

アメリカ野球には、オプション以外にも、メジャー、マイナー関係なしに、個人的な事情や嗜好《しこう》を含む契約が細やかに存在します。たとえば、「妻が夫を訪ねるための飛行機代を球団が持つ」であるとか、「シーズン中にオートバイには乗らない」であるとか、「テニスはしてもいいが、サッカーはしない」など、本当に細やかな条項があります。ですから当然メジャー昇格、降格に関しても、細やかな決めごとをたくさん定めるし、選手一人ひとり、まったく違う契約内容となります。

日本のプロ野球選手は、そういった契約上の問題で二軍に降格されるということはないので、**チーム状況にもよりますが、実力があれば契約に阻《はば》まれずに上に行ける**という側面があります。日本の場合、契約内容は、ほぼ金銭面においてのみであり、アメリカの契約ほど生活のすべてに関わるようなものではありません。まして「一軍に何日以上登録する」とか、「二軍には落とさない」などといった契約は聞いたことがありません。これは、契約に代理人を立てるアメリカと、選手本人が契約に臨む日本、という違いがあるからかもしれませんが、近年代理人を立てる選手が増えてきたことを考えると、日本の一・二軍の昇格や降格に、新たなムーブメントが起こる可能性も否定できません。

## 身分が保障される二軍と明日をも知れないマイナー

これまで、日米の違いやメジャーとマイナーの違いについて述べてきました。食事や移動手段、給料、練習環境などさまざまなところで、米マイナーの選手が、いかにメジャーとの格差を経験しているかはおわかりいただけたかと思います。その中でも彼らをもっとも苦しめているのは「**身分がまったく保障されていないこと**」かもしれません。

キャンプ、オープン戦、そしていよいよ開幕という時期になると、メジャーのキャンプに参加している選手の中から何人かが下に落ちてきます。すると3Aクラスの選手の居場所がなくなり2Aへ落ち、2Aの選手が1Aへはじかれるという、残酷な玉突きが生じます。それでも、**まだユニフォームを着ていられるうちはいい**のです。

最悪なのはクビです。カージナルスには、「クビ切りブルース」の異名を取る人がいました。3Aであるレッドバーズをはじめとしたマイナー全体の選手のやりくりや、チーム編成を考えるマイナーリーグのコーディネーターです。

　普段セントルイスにいるブルースがメンフィスの球場にやってくると、やがて必ず「誰かが解雇されたらしい」という話が広まりました。ブルース自身は温かな優しい人でしたが、レッドバーズの選手には死に神のように恐れられていたのです。

　カージナルス以外の各球団にも、ブルースのような人がいるわけです。マイナー選手としての明日をも知れぬ立場は、一度でもメジャーを経験した選手には屈辱以外の何ものでもありません。

　一方で、**日本ではたとえ二軍でも、球団と契約を結んでいれば「プロ」**として認識されています。また、シーズン中に誰かが突然やってきて、クビを宣告されるというようなことはありません。シーズンも終了間際になったあたりで、「来年の契約は結ばない方向だ」という告知をされることはあっても、シーズン真っ只中のある日突然「ハイ、きみはクビね」と言われ、その日のうちに荷物を持って出ていかなければならない、などという事態にはならないのです。

　マイナーリーグではこれが頻繁に起きました。朝やってきたクビ切り役人の言葉を受けて、その足でロッカーを整理すると、試合前に去っていくのです。ゆっくり挨拶をしたり、思い出話をしたりする猶予《ゆうよ》すらなく、まさに即日退去を求められます。そしてその瞬間から、肩書きが「プロ野球選手」ではなくなります。３Ａともなれば家庭もあり、子供もいる選手がたくさんいました。彼の生活はこれからどうなっていくんやろう……と、去っていく背中を見つめながら、明日は我が身と震えたことを思い出します。

とはいえ、日本のプロ野球も、実力勝負の戦いの場であることに変わりはありません。僕は常々、**「プロ野球人生におけるチャンスは、3年間で9回くらいしかない」**と選手たちに言っています。このチャンスは、だいたい入団から3年ほどの間に降りてくるものです。となると、それをつかむことができるのは1年に3回あるかないか。その**年に3回しか降ってこないチャンスをいかにものにできるかが、プロ選手としての勝負どころ**なのです。

ですから、米マイナーの選手より恵まれた環境にある日本の二軍選手も、3〜4年の間に結果を出さないと見限られるという、非常にシビアな世界に身を置いているのは確かなことなのです。

# 第三章 二軍の試合が100倍面白くなる!? 観戦ガイド

## プロ野球、遠征の実態

野球選手にとって、遠征はつきもの。シーズンの半分くらいはビジターでの試合となります。もっとも、「旅先でおいしいものが食べられていいね」なんて言われてしまうと苦笑い。残念ながら地元の名産品を食べに外出するチャンスはほとんどなくて、もっぱら宿泊先に缶詰め状態です。二軍は若手がほとんどですから、宿舎の門限も厳密、なはずです。たぶんそうです。

明文化した罰則こそ決めていませんが、寮にしても遠征先にしても、門限破りに限らず、寝坊による遅刻など、とにかく**決められた時間を守れない選手に対しては、その都度それなりの処分**をします。遠征先ならその場で神戸に帰したこともありましたし、本拠地にいれば、ベンチに10試合入れない、などです。

こういった選手の動向は、マネジャーがチェックをするのが常。けれどマネジャーが一晩中不寝番をするわけにもいきませんから、おのずとチェック漏《も》れが出てしまうのは致し方ないことです。そのうえで、二軍監督の立場でこんなことを言ってはいけないのでしょうが、「門限を破るなら朝帰りが一番見つかりにくい」と断言します。夜明け前くらいならば、マネジャーを含めたいていの人は寝ています。うっかり見つかってしまうことも少ないでしょう。

ただし、この門限破り（見つからないことが前提）には絶対条件があります。前日よりはるかにいいパフォーマンスを見せること、これにつきます。お酒を飲んだ翌日、二日酔いでいい仕事ができないのならば飲むな。寝不足で翌日ふらふらしているならば、とっとと帰ってきて寝ろ!……**規則を破るからには、それ相応の覚悟が求められる**わけです。なので門限破りを推奨しているわけではなく、むしろ脅しだと思っていただけたら幸いです。

宿の話が一気にそれました。そう、遠征です。新幹線とバスの移動も、慣れてしまえばほとんどの時間は睡眠時間となり、車窓の景色を楽しむ余裕もありませんが、地域によっての特色の違いは興味深く、他球団の人との触れ合いもまたうれしいものです。

ここでは、ウエスタン・リーグで対戦する4球団を簡単に考察してみましょう。できればオリックスを応援する、という前提のもと、ぜひ球場にも足を運んでみてください。

## ウエスタン・リーグ、各チームの特徴

### ハイテク球場に驚き——福岡ソフトバンクホークス

ホームグラウンドはタマホームスタジアム筑後、通称「タマスタ」です。昨年（2016年）こけら落としをしたばかりの真新しい球場は美しく、いつもお客さんでいっぱい。九州新幹線、もしくはJR鹿児島本線の筑後船小屋駅からすぐで、僕たちは宿舎からバスで向かいます。

ソフトバンクは三軍まで擁《よう》するため、本球場とサブ球場の2面があり、未来を感じさせるよ

うな最先端の広い室内練習場と合宿所が併設されています。練習場にはあらゆる場所に、くまなくモニターカメラが備えられています。これによって目配りが行き届くとともに、さまざまな角度から選手の動きを分析できるのでしょう。このように何事にも「ハイテク……!」という感嘆符《かんたんふ》がついてまわるのがソフトバンクのすごさです。

三軍の存在によって、**選手たちの競争意識が目に見えてにじみ出ている**のもソフトバンクの特徴です。足が速い、肩が強いなど、持ち味の際立った選手が多いという印象を受けます。

## 溢れ出る「ドラゴンズ愛」を感じる——中日ドラゴンズ

新幹線からも見ることのできるナゴヤ球場は、僕が大好きな映画『ミスター・ベースボール』の撮影地。高倉健《たかくらけん》さん演ずるドラゴンズ監督のもとに、助っ人外国人選手がやってきて……かなり前の映画なので場内もだいぶ様変わりはしていますが、かつて僕もビジターでプレーしたことがあるだけに、なかなか思い入れがある球場です。

ドラゴンズファームのファンは、なぜだか声を出して応援している人が多い気がします。野球の応援だから当然と思われるでしょうが、実は二軍戦はどの球場も比較的静かなのです。その中にあって、心の奥底からにじみ出るのであろう「ドラゴンズ愛」が感じられる言葉があちこちから聞こえてきます。

この球場では、コンバットマーチも歌われています。みんなで一斉唱和する、応援団としてのコンバットマーチではなくて、あくまでも個人的にコンバットマーチを歌っているだけに、僕も選手も割と気を取られてしまいます。

中日のファームは、ほかに比べて二軍選手の年齢がやや高いのが特徴。それゆえに**選手が野球をよく知っていて、試合巧者**です。ボーンヘッド（うっかりミス）が少なく、状況に対して準備がしっかり整っているのが強みでしょう。それゆえ、二軍といえども、戦っているこちらからすると、一軍のイメージがかぶることもあります。

## ときにはクラクションの応援も――阪神タイガース

「遠征先」なのに、僕にとっては自分のホームグラウンドより家から近い、地元西宮の阪神鳴《な》尾《お》浜《はま》球場。常に満員で、しかしいい意味で非常に静かです。阪神のスタンドというと、ファンがハッピを着て大きな声で歌っている熱いイメージがありますが、たとえハッピを着ていたとしても、大変冷静でマナーがいいファンが多いのが鳴尾浜の特徴です。応援すると同時に、我が子の成長を固唾《かたず》を呑んで見守っている感じで、そのドキドキ感やハラハラ感が伝わってきます。センターの真後ろを走る阪神高速5号線を通過するトラックドライバーさんが、おそらく「がんばれー」の気持ちを込めて、フォンフォン！　とクラクションを鳴らしていくこともあります。

阪神ファームの選手は、とにかく身体が大きくしっかりしています。昨シーズンは**一軍に行って帰ってきた選手も多く見られ、その都度、対戦相手ながら、成長して戻ってきた**様子が見て取れました。いつかこの中から、甲子園を沸《わ》かすスターが誕生するんやろうな、と思わせるだけに、ファンが選手の一挙一動に固唾を呑んでいるのも納得できてしまいます。

## 市民球団ならではの交流がある——広島東洋カープ

本拠地は広島東洋カープ由宇《ゆう》練習場。山口県岩国市由宇町に位置し、宿舎からバスでトコトコ行くと、「ホンマにこの先に球場があるんやろうか……」と一瞬不安になります。それほど大自然に囲まれた場所にあり、野球を見ながら、野球をしながら、マイナスイオンをたっぷり浴びられるという、なんとも気持ちのいい球場です。

昨年までのこの球場は、なんといってもファウルグラウンドの広さが特筆すべき点でした。攻撃時においては、ファウルフライを打ったが最後、絶対に捕られてしまいます。逆に守備のときにランナーが出たら、ピッチャーはワンバン（「ワンバウンド」の略。キャッチャーに届く前にグラウンドで跳ねる）だけはしてはいけません。もしランナーが二塁にいるときに、うっかりワンバンを放ってワイルドピッチやパスボールになってしまったら、キャッチャーが広ーいファウルグラウンドにボールを取りに行っている間に、二塁ランナーは余裕でホームインしてしまうでしょう。

ですから、物理的な特徴として、「ファウルグラウンドが広いです。以上」では片づけられないのです。それによって、バッテリーの配球にまでも影響を及ぼす、大変心理的に負担の大きい球場だったからです。もちろん、カープのバッテリーだって同じように大変だったのでしょうが……。

しかし今年からこのつらいつらいファウルグラウンドが、スタジアム施設などの増築によって、幅を狭められることとなりました。それゆえ、今シーズンからはバッテリーの心理的な負担は少なくなることでしょう。もちろん、カープのバッテリーだって同じようにほっとしているのでしょうが……。

広島の二軍選手は、昔から一貫してブレがありません。練習量の多さを感じさせる動きを見せ、己の特長を生かそうという意志を強く貫いており、**勝っているときも、苦しいときも、プレースタイルが崩れない**印象を受けます。

ところで僕には由宇に行くのが楽しみな理由があります。それは、外野の球拾いをしているお手伝いのみなさんにお会いすること。目上の方ではありますが、親しみを込めて心の中では「おっちゃんたち」と呼ばせてもらっています。ビジターの練習中、僕がフィールド内をあちこち歩きまわっているときに挨拶をかわし、ちょっとしたおしゃべりをするだけですが、球場名物の激ウマカレーパンを差し入れてくださるなど、心遣いに感謝するばかり。僕が遠征に出かけるとき、新神戸駅でいそいそと、名物「いかなごのくぎ煮」を買っていたとしたら、それはたぶんおっちゃんたちへのお土産です。

## 今年からは新球場で気持ちも新たに！——オリックス・バファローズ

最後に、我がオリックスです。

今年から慣れ親しんだ神戸市を離れ、大阪は舞洲《まいしま》に本拠地を移すことになりました。2017年シーズンは、できたてほやほやの新球場で開幕を迎えるのです。新球場は、青い空に電光掲示板がスッキリと映える、まるでアメリカの地方球場のような気持ちの良い環境にあります。

地理的には、ものすごくざっくり説明すると、ユニバーサル・スタジオ・ジャパンのお向かいさんになります。野球観戦とともにユニバも楽しめるのです！　ぜひ新球場に移った我々の晴れ姿を見にいらしてください。

そして、この球場移転に伴って、僕がかつて暮らした寮・青濤館《せいとうかん》も、舞洲に移りました。神戸に集まってくれていたファンのみなさんが、果たして大阪まで足を運んでくれるんやろうかと不安になることもありますが、それはすべて「行かなければ！」と思ってもらえるチームでいられるかどうか、僕らの努力次第です。変化はさよならではなく、前進であると信じてやみません。どうか引き続きのご愛顧をよろしくお願い申し上げます。

神戸サブ球場に響き渡ったスタジアムＤＪ・ケチャップさんの力強いコール。うまい！　岡本カレー。昨年、僕とチームを支え続けてくれた、神戸サブ球場名物の思い出を、「がんばろう神戸」のスピリットとともに心の中に刻み込んで、２０１７年を戦うつもりです。

## ２０１６年シーズンを振り返る

これから開幕を迎えるにあたって、昨年度のチームのことを少しだけ振り返ってみましょう。

２０１６年の二軍は、**「若手を育てる場所」なのか、「一・五軍として、即戦力を調整させる場所」なのかという認識が、自分の中で明確にできないまま終わった**気がします。監督として、何かひとつ芯の通ったことをすべきだったはずですが、残念ながらすべてにおいて初体験の僕は、見えるもの聞こえるもの何もかもを、「どうにかしよう」と躍起《やっき》になっていました。あちこちにいるウサギを追いかけていたら結局1匹も捕れなかったとでもいうような、ツボの中の飴ちゃんをたくさん取ろうと握りしめたら、ツボから手が出なくなってしまったとでもいうような感じで、結果として、すべてが試行錯誤のうちに終わってしまった印象です。

しかし、**２０１６年度のドラフトでは、育成選手を例年以上に獲得するなど、球団が「育て**

ていく」方針に力を入れていることが強く感じられました。すぐに結果が出ないことで、ファンの方にとってはもどかしさもあるかと思います。けれどいま、球団のみな——つまりフロントや職員、現場の人間、そして選手——が、福良監督のもと、「我々は何を求め、どうやって勝つべきか」という同じ方向を見始めていることを肌で感じています。これこそが、強いチームたる条件のひとつだと思います。２０１７年の二軍では、きっとそんなムードをファンのみなさんにも感じていただけることでしょう。

ということで、せっかくですからこの場をお借りして、よく周りから質問されることについて解説をしていきたいと思います。他球団のことはわかりませんが、ファンと選手の関わり方などは、どこも同じような感覚を持っているかと思いますので、ぜひ参考にしてください。

## 二軍はどんな人たちで構成されているか

二軍は、監督、コーチ、スタッフ以下、「支配下選手」と呼ばれる選手契約をしている選手と、「育成契約」と言って、球団が育て、将来的に選手契約の可能性を秘めた選手たちの帯同で成り立っています。これについては、第一章でも説明をさせてもらいました。

ということで、まずは監督、僕の役割について。**監督は、二軍という集団のリーダーで、同時に一軍監督の腹心の部下**、と思ってもらえればわかりやすいかと思います。

オリックスには僕を支えてくれているコーチ陣が10名います。二軍ヘッドコーチをはじめ、ピッチャーを担当する「投手コーチ」、バッティングを担当する「打撃コーチ」、「内野守備走塁コーチ」、「外野守備走塁コーチ」、投手と捕手の連携を担当する「バッテリーコーチ」、「育成統括コーチ」、「育成コーチ」です。そこに選手の身体能力の発達をコーディネートする「コンディショニングチーム」が加わります。

僕はそれぞれのコーチと綿密に連携を取りながら、選手の状況を把握していきます。実際に目で見ることが当然重要ですが、ドッペルゲンガー現象のように、ひとりで複数箇所に同時に存在できませんし、できたら怖いでしょう。なので、コーチの連絡・報告がより重要になってくるのです。こう言うと、まるでマニファクチュアのようですが、**監督・コーチの役割も一般の企業と同じように、分業で成り立っているのです**。特に僕は野手出身で、投手についての一般的な知識は持っていても、実地経験としての感覚を持ち合わせません。このあたりは投手コーチに教えを乞《こ》いながら、僕自身も勉強している状態です。

さらに、選手のケガ・病気などを防止・改善するために、マッサージなどの体調管理をしてくれる「トレーナー」がいます。第二章でお伝えしたように、アメリカにはないきめ細かなケアをしてくれます。

投手のボールを叱咤《しった》激励《げきれい》しながら受けてくれる「ブルペンキャッチャー」は、試合直前の投手を盛り上げてくれる存在。「ただボールを受けてくれる」のではなく、**最後の調整はすべてブルペンキャッチャーの腕に委ねられ、投手の調子を左右する、ひいては試合の流れをも変えてしまうほど重要な役割**を担っています。特に二軍の投手はそこまでコントロールが定まっていませんから、じっとかまえているミットに、ボールがバシバシ投げ込まれるとは限りません。ブルペンキャッチャーは、ときにはとんでもない場所にやってくるボールを、1日何百球も、立ったり座ったりしながら捕球するのです。暴投に腹を立てて「ええかげんにせえ！」「何やっとんじゃ！」などと言ってしまったら、繊細な投手は意気消沈してしまいます。ただでさえ若い投手は、ベテランの捕手に対して畏敬《いけい》の念を感じていますから、「怯えさせない」という気遣いがとても重要になってくるのです。オリックスの二軍にいるブルペンキャッチャーは3人。盛り上げ上手で、投手の肘《ひじ》の上がり下がりなど、メカニック的にもわずかな変化を見つけられる人たちで、常にピッチングコーチに貴重な情報を提供してくれる頼もしい存在です。

さらには、練習が無駄なくスムーズに行われるために、**誰よりも早く来て、練習用具の手入れや準備、管理をしてくれる用具係さん**なくしてチームは回りません。ここに、球団職員のみなさんや、一軍と二軍の間を取り持つチームのフロントの方などが加わります。たとえば球場で、「二軍の選手にしてはちょっと年齢が上だけど、背番号がついているあの人は誰？」という場合、こういったチームスタッフであることが多いでしょう。

こうしたすべてのスタッフのサポートがあって、はじめて二軍は始動するのです。選手ばかりにスポットが当たりがちですが、強力な縁の下の力持ちは、チームの勝敗をも左右する重要な役割を担っています。もっとも、こういったことを一番理解してほしいのは、ファンの方以前に若い選手たちなのですが。

## 二軍の試合の特徴

先にも書いたように、二軍はあくまでも一軍のために存在しています。とにかく勝利あるのみという一軍に対し、**勝利と同時に育成が求められるのも、二軍の特徴**です。

また、二軍の試合では「試してみること」が多く見られます。一軍の試合では試せないことをあえてやってみたり、様子を見る場としても使われます。

二軍の試合を観戦中に、ボコボコに打たれている先発投手をなかなか代えないというシーンがあったとすれば、「この投手に最低3イニングは投げさせるように」なんていう一軍からの指令が出ているかもしれません。

二軍戦は、**ケガから復帰途中の一軍選手が、調整をするための場**にもなります。いざ一軍の試合ともなれば、中途半端なプレーはできません。長いシーズンで、どこにもケガを抱えていない選手など皆無と言っていいでしょう。ですから、「何があっても動ける」というところまでは回復しておらず、もう少し調整が必要な選手はしばらく二軍にいて、「今日は2打席だけ立っておくか？」「まだ足が不安だから塁に出たら交代するか？」など、監督・コーチと相談しながらプレーすることがあります。

少し**無謀《むぼう》なくらいガツガツした部分を見せられるのも、二軍の試合の特徴**です。粗削りで、不恰好《ぶかっこう》ですが、熱がこもっています。

一軍に上がれば、緻密《ちみつ》な作戦に組み込まれます。ときとしてがちがちに緊張することもあるでしょうが、しかし失敗は許されません。そんな場で、一軍慣れしていない選手は、失敗を恐れて小さくまとまりがちなのです。だからこそ**二軍の場では、出せるものを思い切り出して、失敗を重ねていけばいい**のだと僕は思っています。中途半端にその場を上手に切り抜ける要領の良さを磨くのではなく、力いっぱいぶつかっていって玉砕《ぎょくさい》するような体当たりのプレーをしてほしいのです。

二軍の試合では随所《ずいしょ》に、「なんじゃそりゃー!?」と思うようなシーンを見るかもしれません。しかしそれが、うっかりミスや集中力のなさから来る怠慢《たいまん》プレーではなく、**明らかに全力で振った末の三振や、全力で追った末のエラーであったなら、どうかそのプレーにも拍手や声援を**送っていただければと思います。選手はその応援によって救われ、そして成長していくのです。

## 二軍のオーダーの組み方

日々の試合におけるスターティングラインアップはどのように決めているのでしょうか？

僕の場合、コーチ陣と相談のうえでその日のオーダーのたたき台を作り、最終的には一軍の都合を鑑みて、組み替えを行います。この本の冒頭でも述べましたが、たとえば、

「A選手を今日行かせるから4打席立たせて」

という指令が一軍から来たとします。A選手は一軍の選手ですが、控えなので出場機会がなかなかありません。そのため、試合勘を失ってしまうことも考えられます。そこで、「親子ゲーム」などと呼ばれる方式を取り、A選手は二軍でデーゲームに出て、その後すぐ一軍のナイトゲームに向かうのです。ちなみに、投手の「親子ゲーム」システムはありません。

こういう場合、A選手を一軍にとって「研《と》ぎ澄まされた控え」でいさせるために、僕は当然のことながら、もともと出場させるはずだった選手をひとり、ラインアップから外します。投手にしても同じことが起きます。しかし、二軍の僕らにしても、「こうしたい」「ああしたい」「あれを試したい……」という思いが多々あって、選手をひとり外すのも断腸《だんちょう》の思い、という場合もままあるのです。

一試合一試合が若い選手たちにとっては貴重な経験の場所。我が子のような気持ちで選手を育てていると、「出してやりたかったよなあ」という思い入れが湧いてしまうのは仕方のない

ところでしょう。一軍の勝利と選手の育成を同時進行させることの難しさをしみじみと感じるのは、そんなときかもしれません。

ですから、**ひとりでも多く一軍に上がってもらうため、僕は定期的に、調子の上がっている選手を推薦**し続けます。二軍の試合のあとには、必ずその日の報告リポートを書くのが決まり。そこに、まるで成績表のように、お勧め選手の名前を記入するのです。福良さんから「じゃあ、そのお勧め選手をよこして」と連絡をもらえるまで、しつこくしつこく書き続けます。

もっとも、二軍にさほどの需要がないということは、一軍がケガや不振なく充実している証拠。まさに、便りのないのは、いい便りなのです。

## ファンとの距離が近い二軍

二軍のファンは総じてコアな方、通の方、野球が好きすぎる方が多いのが特徴です。前記したようにスタンドにしても比較的静かで、応援というよりむしろ見守っているという感じがします。そして間違いなく、**二軍の選手はそんなファンのまなざしや拍手によって成長していく**のです。

一軍に比べると、二軍は選手とファンの距離が物理的に近いとも言えます。選手はすぐそこをテクテク歩いて通過しますし、座席自体がフィールドに近いため、試合中の顔もはっきり見え、声も届きやすいです。お目当ての選手のサインをもらうことも、一軍よりは少し易《やさ》しいかもしれません。

そして、ファンと選手の距離が近いということはすなわち、ファンが選手をよく見られるのと同様、選手もファンをよく見ているのです。意外と思われるでしょうが、**フィールド内からスタンド席をパッと見ると、知った顔などはだいたいわかる**のです。これは僕に限ったことではありません。声も、思った以上に聞こえています。

ですから、ポジティブな応援や言葉は、ダイレクトに選手の栄養になりますが、誹謗《ひぼう》中傷などの野次《やじ》は、叱咤激励のつもりでも、選手にとっては大きな傷になります。プロだから何を言われても仕方ないだろう、というのはある意味正論ですが、そのチームに対して愛があるなら、**未来の一軍選手を育てる責を担っている、そんな温かい気持ち**で選手に接していただければ幸いです。

ところで、お願いついでではありますが、新幹線など、狭いプラットフォームに大勢の人が集まる場所でのサインや写真のリクエストは、乗客の転落の危険につながるため、できれば避けていただければと思います。僕はサイン、写真などは、**プロとしてできうる限り、球場においてはお受けするべきであり、また、そうでなければならない**と思っています。けれど球場外では、努力はしますが、お受けできない場合も多々あります。たとえば、

ものすごく急いでいる
前日同じ人にサインしたばかり（選手は顔を覚えています）
周りの交通状況が危険
誰かに迷惑がかかりそう
体調が悪い
トイレをこらえている

といったケースも考えられますので、**事情をみなまで言わずとも「すみません」となった場合は、状況からくみ取っていただければ**と思います。

また、試合中にはオリックスの選手ばかりではなく、他球団の選手に対しての応援もぜひお願いします。二軍の底上げは、野球界全体の活性化につながります。お互いが高め合うためにも、ファンのみなさん一人ひとりが育成コーチになっていただけたらうれしいのです。

ウエスタン・リーグでは試合前に、「二軍の試合は、選手を育てる場所。その気持ちを持って応援していただけますようお願いします」という主旨のアナウンスが流れることもあります。

地道ではありますが、こうした**ファン意識の徹底が、やがては日本のプロ野球界全体の質を向**

上させていくと信じてやみません。

## ファンサービスについて

2016年のファーム最終戦は、これまで僕たちのホームだった神戸サブ球場で行われました。入場はネットによる抽選のみで、ぎっしりと満員のスタンドからは、残暑よりもずっと熱いファンのみなさんの思いが伝わってきました。

いつもおおいに試合を盛り上げてくれるDJ・ケチャップさんの声が高らかに響く中、僕たちが行ったこの球場最後のファンサービスは、観客のみなさんをグラウンドにお通しして、監督・コーチ・選手の全員で作った列の前を、ハイタッチをしながら通ってお帰りいただく、というものでした。

最初に「立ち止まったり、写真を撮ったりしないでください」とお願いしていても、たいていどこかでルール違反をする人は現れるもの。しかしこのときは、1000人強のファンのみなさん全員が、整然とご参加くださいました。応援してくれた側、された側がまさに一体となった気がした、最終戦のハイタッチ。おかげで気持ちよく、実にスムーズにイベントを終えられたことに、いまでも感謝の気持ちがこみ上げます。

このイベントを企画したオリックス営業部のみなさんは、きっと神戸のファンの「ルールを遵守《じゅんしゅ》する」気概を理解していたのでしょう。ファンの方にも、**グラウンド側に立ってスタンドを見上げたことで、また少し、選手の気持ちに近づいてもらえた**かもしれません。お互いがきちんと節度を持って協力し合えば、ファンサービスはもっと質が高くなるということを実証した気がしました。

　後日、「選手の聖域であるグラウンドに足を踏み入れるなんて」と、躊躇《ちゅうちょ》したファンの方もいらっしゃったと聞きました。けれど、**シーズンを戦ったホームは、僕らだけでなく、ファンのものでもある**のです。選手を尊重してくれるファンの気遣いをありがたく思うとともに、**チームとファンが同じ場所を愛し共有すること**にも意義を感じます。シーズン終了日だからこそできたイベントではありますが、そのおかげで僕たちも気持ちに区切りをつけられましたし、次に向かっていく勇気をいただいた気がしています。

　あの日、一人ひとりと触れ合った時間はほんのわずかでしたが、すぐ近くでかわした笑顔や言葉が、神戸サブ球場のしめくくりにとても大きな花を添えてくれました。ファンのみなさん、本当にありがとうございました。

　それにしても、**満員のスタンドのなんと気持ちのいいこと**でしょう。戦う側にとって、これ以上の興奮材料はありません。たとえば観客が同じ１５０人でも、１００人しか入らない球場で50人立ち見がいるほうが、５００人収容のスタンドで、１５０人入っていてあとはガラガラ、という状況より、ずっと心が浮き立つのです。

お客さんに足を運んでいただけるかどうかは、ひとえにチームの魅力次第です。２０１７年、僕らは「近くで見たい」と思ってもらえる戦いができるよう、最初の一歩から全力疾走していくつもりです。

## ２０１７年シーズンはここに注目！

２０１６年のドラフトにおいて、オリックスには14名もの新人選手が入団しました。うち、育成選手が5名です。これが何を意味するかは、もうファンのみなさんもお気づきのことと思います。「将来の戦力をじっくり育てる」という意味もありますが、僕にとっては**「焦る二軍の選手たち」こそが、育成選手が増えたことによる相乗効果であり、意義である**と考えています。

二軍の試合に、ベンチ入りの人数制限はありません。けれどあんなに身体の大きな人たちが全員入ってしまったら、物理的に苦しいのです。息ができないのです。つぶされてしまいます。

……それはまあ、冗談ですが、ベンチに入れる人数は制限するつもりです。なぜか？　競争をさせるため、戦えるぎりぎりでやっていくつもりなのです。ですから、ここが勝負どころ。二軍の選手は「支配下選手」で、育成は支配下ではありません。しかし、二軍の試合に出られるのはどちらも一緒ですから、僕は支配下であれ、育成であれ、使いたい選手を積極的にベンチに入れるでしょう。つまり、今後は**二軍ベンチ入りすらできなくなる支配下選手が出てくるかもしれない**、ということです。

とりあえず支配下だからベンチには入れる、という時代の終焉《しゅうえん》です。二軍の選手は2017年から、下剋上の恐怖にさらされるのです。二軍と一軍のレギュラークラスでは、実力差はかなり大きなものですが、二軍と育成の実力差は、そこまでの開きはありません。食うか食われるかのこのベンチ入り争い、フルーツバスケット的な椅子取りゲームを、ぜひお見逃しのないようお願いします。

# 第四章 新人監督のマンスリー・ダイアリー

これからお読みいただくのは、2016年のシーズン、つまり僕にとってはじめて「監督」と名のつくお仕事をさせていただいた1年を、日経新聞のウェブコンテンツである「日経電子版」にて連載コラムという形で追った「2軍監督　田口壮!」をまとめたものです。

現在進行形で連載中ではありますが、1年が経ち、本書にそれをまとめる機会をいただいたため、加筆修正および、後日談を加えさせていただきました。ひとりでも多くの方に二軍について知ってほしいという一方で、読み返した僕にとっては、1年間の中でいかに選手が成長したかを再認識する、大変貴重な資料となりました。連載コラムをお読みくださった方、そして、いまこの本を手に取ってくださっている方に、この場をお借りしてお礼を申し上げます。

それでは、まだ初々しかった就任直後のコラムからどうぞ。

# 2016年1月

## 入団1年目、「プロとは何か」を知ったあのひと言

「おまえ、なめとんのか……」。オリックスの二軍監督として選手を指導する立場となったいま、思い出すのは入団したての僕に「プロとは何か」を教えてくれた先輩のきついひと言です。

あの時代の厳しさを、いまの時代に合った形で伝えるにはどうすればいいのか。模索《もさく》の日々が始まりました。

## 14年目の大ベテランに胸ぐらつかまれ

1992年、オリックスに入団した僕は1年目から一軍の試合に出られたのですが、遠征先の北九州市民球場でミスを犯してしまいました。

一塁走者のときに、ヒット・エンド・ランのサインを見逃したのです。打者は今年から一軍の監督に就任された福良淳一さんでした。福良さんは慣れたもので、きっちり三遊間にゴロを転がします。遊撃手がやっと捕球できた打球でしたから、一塁に送球しても間に合いませんし、僕がちゃんとスタートを切っていたなら、二塁もセーフとなり、内野安打になったはずでした。

しかし、打ってから走った僕は二塁封殺。スコアシートの記録は「福良・遊ゴロ」となってしまったのです。

アウトになった僕を呼び止めたのはプロ14年目の大ベテランになっておられた松永浩美《まつながひろみ》さんでした。胸ぐらをつかまれ、ベンチの後ろに引っ張っていかれました。自分でも血の気が引いていくのがわかりました。

「おまえ、いまのミスがどういう意味を持っているか、わかっとんのか」と松永さん。

「福良は3割打つバッターやけど、ヒット1本足りなくて3割を切ったらどうなる？　それだけで何千万と年俸が違ってくるんやぞ」

松永さんの迫力に圧倒され、福良さんの足を引っ張ってしまったことの重大さが身にしみました。ひとつひとつのサインをきちんとこなすことはチームプレーとして大切なのはもちろん、プロでは個人成績という点でも重要なわけです。頭の中ではわかっていても、そのときはじめて僕は「プロとはこういうものなんだ」ということを実体験として知ったわけです。

松永さんがあまりに怖かったために、僕はすっかりサイン恐怖症になってしまいました。サインを見逃してはなるまい、今度やったらただでは済まない、と思いながら、コーチの手の動きを凝視するあまり、サインの読解がおろそかになり、なんと次の日も、バントのサインを見逃してしまったのです。このときは確か、弓岡敬二郎《ゆみおかけいじろう》コーチに、こってり油を絞られた記憶があります。

## 選手の気質や現場の空気は一変

僕の新人時代から、まだ四半世紀ほどしか経っていませんが、選手の気質や現場の空気は一変しました。最大の違いは松永さんのようなこわもての先輩がいなくなったことでしょう。

胸ぐらをつかんでお説教とは乱暴な、と思われる方がいるかもしれませんね。しかし、松永さんのような存在はどの球団にもいたはずです。特にオリックスは強かった阪急時代からの伝統があって、監督であるかコーチであるかといったことにかかわらず、ベテラン選手も一緒に若手を鍛えてくれていました。

先輩方は厳しいばかりでなく、僕が送球難に悩んでいたときに親身になってくれたのも松永さんでした。

プロは勝つか負けるか、結果の世界です。そして数字がすべての世界です。プロとして生きていくとはどういうことか。それを先輩たちが教えてくれたわけです。

## プロとして何を売り物にすればよいか

自分はプロとして何を売り物にしていけばよいのだろう……。そのことを僕はいやが応でも考えざるを得ませんでした。

入団当初、遊撃を守っていたのですが、例の送球難が直らず、毎回悪送球をしていました。結局、僕は外野に転向して定位置を獲得することになるのですが、それまでは針のむしろです。

僕は考えました。いまのままでは何度でも悪送球してしまうだろう。ならばせめて打って貢献するしかないではないか。

必死でしたから、あまり覚えていないのですが、仲間に「おまえはエラーしたあとに限って打つなあ。精神力強いなあ」と感心されたことがありました。喜べることではありませんが、俺は打つしかないんだと腹を決めたところに、通常以上の集中力が生まれていたのかもしれません。

二軍監督としての僕の仕事は、選手に「自分は何で食べていくのか」という意識を持ってもらうことです。しかし、そういうことをたたき込んでくれる先輩はもういません。僕のように、追い詰められて這い上がるということもお勧めできる方法ではありません。

現場に戻ってまず感じたのは選手が「柔らかい」ということでした。昔は年上も年下も他人を蹴落としてでも、という雰囲気を隠しませんでした。いまは和気あいあいとやっています。それはそれでいいのですが、昔のようなやり方では通用しないことははっきりしています。

僕たちの時代はコーチがやれと言ったらやるだけです。同期のイチロー選手とともに倒れそうになるまでノックを受けたものです。「ノー」という言葉は僕たちにはありませんでした。

## 結果がすべて、プロ野球の原理は不変

いまの選手には「ノー」があります。なぜその練習が必要なのか、それをやることによってどんな効果が得られるのか、納得したうえでないとやりません。

これはいいことだと僕は思っています。嫌々やらされるより、狙いをはっきりさせ、モチベ

ーションをしっかり持ったうえで練習をするほうがいいに決まっています。

しかし、結果がすべてというプロ野球の原理に変わりはありません。そこのところを昔のような荒っぽい手法に頼らずに、どうやって若い選手にわかってもらうか。

僕はメジャーの育成方式も一通り見てきたつもりですが、日本はまったく条件が違うので、別の方法論を見つけなくてはなりません。

メジャーでは毎年、1球団あたり60〜70人の新人が入団してきます。仮に30球団で60人ずつ採用したとすると1800人に上ります。大ざっぱに言えば、この大量採用の選手たちにとにかく試合をさせて、結果を残したものをメジャーに引き上げるという選別方式です。

これに対して日本は育成選手を含めても1球団10人入ってくるかどうか。今季（2016年シーズン）、我がオリックスは大量12人の入団となりましたが、12球団トータルでは、せいぜい毎年100人前後といったところでしょう。

選手は親御さんや、アマ時代の育ての親、それからファンのみなさまからお預かりした宝です。その宝の一人ひとりを淘汰《とうた》するのでなく、ひとりでも多く一人前になってもらわなくてはなりません。

その方法はまだ、僕にもわかりません。プロの厳しさを教えるのに、たとえば試合で残した打率、防御率といった数字で評価するやり方もあるでしょう。数字を残した選手が一軍に呼ばれたならば、二軍で一緒に汗を流している仲間も「あいつは結果を出したから」と納得できるでしょう。このわかりやすさが「結果主義」のいいところです。

しかし、個人成績重視となると、今度は自分が犠牲になるかもしれないチームプレーを嫌がることになりかねません。難しいところです。

こんなことを書いている自分自身、すでに頭でっかちになっていますよね。まだ何も始まっていないのに……。実際にやってみたら、理屈通りにいかないことが起こってくるでしょう。

## 【2016年シーズン終了後の後日談】

シーズン開始前はかようにドキドキし、結果を楽しみにしていた僕でしたが、実際にやってみたら、理屈通りにいかないことばかり起こりました。「やっぱり思うようにはいかんなあ」という予想が当たりましたが、当たったところでちっともうれしくありません。

最初のシーズンを終えたあと、新しく加入したコーチたちを迎えての感想は、「熱っ！ この人ら、熱いわ！」でした。どれだけベテランであっても、新しい環境で何かを始めようという場合、人は希望と意欲に満ちて、ここまで熱くなるものか、と驚きを隠せなかったのです。

しかし同時に、

「俺も1年前、こうやったんやなあ……」

と、しみじみ感じたのでした。

熱さ。絶対に大事です。しかし、二軍を取りまとめる立場の人間が24時間アッチッチ状態で、フルスロットルのトップギアのままだったら、周りは大変です。きっととても疲れるでしょう。チーム内での自分の役割を考えたとき、「熱いのは周りにある程度任せて、俺はもう少しクールダウンして、きちんと全体を見られるようにしよう」という反省も生まれました。

赤ちゃんが生まれて、立ち上がるまでにおおよそ1年前後。僕もまた、よろよろしつつもようやく立ち上がった気がします。

# 2016年2月

## 投手と打者、オーラが勝負を決する

宮崎での二軍キャンプは指導者としてはじめて経験することばかり。「選手たちをどうしたら伸ばせるだろう」と模索する日々ですが、たまたま二軍スタートとなったT－岡田《おかだ》選手と話をしていて、ベテランも若手も関係なく、勝負師として必要なものがあることを思い出しました。それは「オーラ」です。

## センス抜群のT-岡田に足りぬもの

左アキレスけん痛の影響もあり、主力級のT-岡田選手はこのキャンプは二軍からの調整となりました。

僕は現役時代、オフシーズンには神戸で自主トレーニングをしており、彼をルーキーの頃から見ています。打撃センスに関しては元から何も言うことがありません。大打者への階段を歩むにあたって、足りないものがあるとすれば、それは「自分を持つ」こと。それだけなんです。それさえできれば、上でしっかりとした結果が残せる選手だと考えています。

だから、キャンプ2日目にグラウンドで「いつも受け身だから『一軍に上げろ』と自分から言ってこいよ」という話をしました。結果が伴うことはもちろん必要ですが、彼には結果を出すための姿勢がもっと必要だと思いました。自分から行動を起こしてもらいたいから「口に出せ。そうすれば、人間はそこに向かって動き出す」と伝えたのです。

優しくて、人に気を遣える。そういう彼の性格は、人間としてすごく良い部分です。ただ、野球選手は勝負師として、相手と1対1でやり合わないといけません。それに必要なのが「オーラ」です。

グラウンドから一歩外に出たとき、オーラなどなくてもOKです。しかし、いざ打席に立つとなったら、瞬間的にオーラが出てこなければなりません。

マウンドからの18・44メートルの間には、打者と投手、捕手の3人だけが醸《かも》し出す空気があります。打者はその空気をどうやって制圧するかを考えないといけないのです。それは立った瞬間に決まります。

どんなにちっちゃいバッターでも、ガッとかまえたときにオーラが出るのです。そこで勝負が半ば決まってしまうと言ってもいいでしょう。身体の大きい、小さいとか、調子の良しあしは関係なく、そこが野球の面白さです。オーラが出るか出ないかという、一瞬の「間」が日本人にはぴったり合うから、野球は面白いと言ってくださる方が多いのだと、僕は思っています。

## オーラを身につけさせるのが我が仕事

「この選手は何を考えているんだろう」「こっちのほうが打ちそうだな」「いや、ピッチャーが抑えそうだな」という感覚、雰囲気は球場に来た方にもわかると思うのです。もちろんそこが選手としても肝心なところで、T-岡田選手にも、いままで以上のオーラを出してほしいと思ったわけです。

彼は順調にメニューをこなし、16日、一軍に合流しました。そこでうれしい話が伝わってきました。合流して即「35本塁打、100打点」と、今季の目標を福良淳一監督に伝えたというのです。

昇格を前に僕は「監督に対して目標を口に出せ。そこに向かってぶれるな」と念を押していました。「オープン戦でもレギュラーシーズンでも日本シリーズでも、試合に出続けなきゃあかん。使われなかったら監督のところへ行って『俺を出せ』と言え」とも付け加えました。

そのぐらいの勢いがなければ、シーズンを通して主力で戦うのは無理です。そういう覚悟からオーラも生まれてくるわけで、T-岡田選手の今季がますます楽しみになってきました。

今季プロへの第一歩を踏み出す新人を含む、二軍の面々も当然、オーラが必要です。僕の仕事はいかにそれを身につけてもらうか、ということに尽きるような気がします。

選手がオーラを身につけ、二軍から這い上がっていくには、当然ながら厳しさも必要でしょう。一、二軍の「格差」も選手に悔しさを植えつける材料になるかもしれません。

## もっとギラギラと思っていたが……

オリックスは今春から一軍、二軍とも宮崎市清武町の隣り合った球場でキャンプを張っています。選手が自由に行き来できる環境はなにかと便利ですが、選手にとってはいやが応でも「違い」を実感する仕掛けになるかもしれません。

たとえば一、二軍の対外試合が重なる日があります。このとき、起こりうることのひとつが、一軍戦に出場して自分の打撃に納得できなかった選手が、二軍戦に移動して「俺に打席をくれ」と言って打ち直すことです。

アピールできる機会を1打席でも2打席でも奪われたら、二軍の選手はつらいところです。しかし、チーム全体の目標はあくまで一軍が優勝することです。そのために二軍が犠牲になるのは仕方ないことだと、僕は思っています。一軍戦でも二軍戦でも上の選手の調整が優先されていいと思うし、競争社会では当然のことなのです。

押し出されて出場の機会を失う選手からすれば「なんなんだ」となるでしょうが、置かれた環境に不満があるのなら「上に這い上がれ」という話になるわけです。

二軍に足を運んでくれる関係者のみなさんは「（雰囲気が）明るくなった」と言ってくれます。選手たちも明るくやってくれています。元気があるのは喜ばしいことですが、一方で悲壮感はあまり伝わってきません。

キャンプはもっとギラギラしてやるものだと思っていたので「こんなものなのかな」と戸惑う部分でもありますが、時代が違うのですから、それでもいいでしょう。

みんな練習量は多いし、取り組む姿勢も真面目です。ただ、戦力として一軍に定着するためには、それだけでは不十分です。きっちりと自己を確立し、相手と勝負する強い気持ちを植えつけるにはどうしたらよいか。そんな課題と向き合う毎日です。

## 【2016年シーズン終了後の後日談】

ここに登場するT-岡田選手は、今季から選手会長。そのいかつい風貌《ふうぼう》（しかし顔はかわいらしい）から、豪快でやんちゃなイメージを持たれがちですが、実のところ非常に行儀の良い、繊細で優しい男です。不調の波が襲ってきたときも、変えるべきは技術うんぬんよりまず気の持ちようで、生真面目さゆえに揺れてしまう心をかっちり固定し、肝《きも》の据《す》わったどっしりした状態にしておけば、月に10本以上のホームランを打てる力を持っています。2010年のホームラン王も偶然ではなく、当然なのです。

ですから、彼が二軍にやってくるときの理由はたいてい「気分転換」的な意味合いが大きく、技術指導をすることは、小さなことを除いてはほとんどありません。

このとき、下山真二《しもやましんじ》バッティングコーチが、T-岡田選手に、

「（一軍でホームランを）30本打ったら俺と田口さんをハワイに連れてってくれな」

とお願いしていました。5月の12本も、僕たちからすれば「彼の実力からしたらこのくらいは当たり前」という感覚だったのです。以降は、オフのハワイ行きは確実と感じて、僕たちはうきうきしながら彼の成績を追いかけました。

しかし、彼が調子を上げれば、それだけマークはきつくなり、4番を打つという責任ものしかかります。かくして失速は始まり、結果は20本というシーズンになったのでした。

シーズンが終わる頃、下山コーチから電話をもらいました。

「ハワイ……ガーデンズのレストランになりそうですわ……」

兵庫県西宮市のガーデンズというショッピングモールに、ハワイアンレストランがあるのです。今年はそこでロコモコ丼でも食べましょう。でも２０１７年こそは、みんなでハワイです。

## ２０１６年３月

### ここで打てばメシが食える……プロ選手に大事な「嗅覚」

ドラフト1位ルーキーの吉田正尚選手がオープン戦終了間際のラストチャンスをものにして、開幕一軍の座を勝ち取りました。何度チャンスを与えられてもモノにできない選手もいます。この差は何か、と考えたときに浮かんでくるキーワードは勝負どころを察知する「嗅覚」です。

### ワンチャンスを生かし長打力アピール

左足と右脇腹の故障で出遅れていた吉田正尚選手がオープン戦で一軍に昇格したのは19日の阪神戦から。当初、福良淳一監督からは「一度見ておきたい」と2試合限定の昇格であることを言い渡されていました。開幕一軍入りは念頭になかったわけで、僕も「とにかく、バットを強く振れるところだけ見せてこい」と送り出しました。

ところが、蓋《ふた》を開けてみれば、20日の試合で藤川球児《ふじかわきゅうじ》投手（阪神）から特大の右越え本塁打を放つなど、持ち前の長打力をアピール。一振りでチームの雰囲気を変えられることを示しました。やはり、あれだけバットを振り切れると、投手は怖いでしょう。

起用する側からすると、何かしてくれるんじゃないかという期待を持てるし、見ているファンも楽しくなるはずです。

本人の意識はどうだったでしょう。もともとが「お試し」の昇格ですから、一軍に残るとは思わず「自分の持っているものをすべて出そう」とプレーしたはずです。でも、その開き直りというか、思い切りが大切なんですね。成り行きだけ見れば、まさに瓢簞《ひょうたん》から駒というか、ただただラッキーにも見えるわけですが、ワンチャンスをきっちりものにできること自体、プロでは大事な才能です。そういう選手がレギュラーの座をつかんでいくのです。

こうした勝負強さはなんの裏付けもなしに生まれてくるものではないと、僕は思っています。

僕は現役時代、メジャーの歴代の名投手に数え上げられるロジャー・クレメンス、グレッグ・マダックス、ランディ・ジョンソンといった超一線級の投手と対戦するとき、いつもワクワクしていました。

普通であれば、また打率が下がるし、打席に入りたくないなと思うような投手たちです。しかし、常時スタメンというわけではなかった立場の選手からすると、彼らとの対戦は少ない打席で、最高のアピールをする機会となります。クレメンスクラスの投手を、たとえひとりでも得意としておけば「田口は打てる。行ってこい」という印象になるんです。

## いざ好投手、ワクワクよりも気後れ

メジャーでは先発4、5番手の投手なら、みんなが打ちます。したがって、僕がそういう投手を打っても、出番が増えるわけではありません。先発ローテーションの1番手をいかに打ち崩すかが、僕にとっての勝負どころです。彼らと対峙《たいじ》するときは「こいつらを打たなかったらオレはメシのタネがなくなるんだ」と思い、どうやったら仕留められるかを熱心に研究していました。

チャンスをつかめるかどうかはこうした気の持ち方にもよるのです。

しかし、実際にはそううまくはいかないのが大半ではないでしょうか。チャンスだと思えば思うほど、緊張してしまったり、萎縮《いしゅく》してしまったりするのがむしろ普通かもしれません。

一軍より一足早く始まった二軍の公式戦で、先日、オリックスはソフトバンクの千賀《せんが》滉大《こうだい》投手と対戦する機会に恵まれました。昨年中継ぎで実績を残し、今年はあの分厚い先発陣の中に割って入っていこうという投手です。一軍でばりばり投げている速球派右腕から、1本でも2

本でも打っておけば、大きなメシのタネになります。

このめったにないチャンスで、若い選手には「よし、こいつを打ったらオレはメシを食える。上（一軍）に呼んでもらえる」とワクワクしてほしかったのですが、残念ながら気後れする面が目立ちました。

無理もないことかもしれません。いくら「気後れするな」「思い切ってやれ」と言っても、自信がなければどうしても結果を恐れます。慎重になりすぎ、考えすぎると、かえって好結果が出ません。目の前のチャンスに前向きな気持ちで向き合えるかどうか。そのために必要な自信を持てるかどうかはどれだけ成功体験を積み上げられるかにかかっています。そこが僕たち二軍の指導者の一番大切な役割になってくると思っています。

試合で使うよりもまず練習でしっかりと土台を作り上げたほうがいい選手もいますし、緊張感がある状態で大きな能力を発揮する選手もいます。こうしたタイプなどは本人にきちんと説明して、勝負どころの代打などで起用したほうがいいでしょう。

## ラインアップの組み方で悩む毎日

いざ二軍の公式戦が始まってみて、思っていた以上に大変だと実感しているのが、ラインアップの組み方です。打順でも守備位置でも、何をしたいのか明確な意図や理由があったうえで、決めないといけません。選手の特徴を見ながら、どうやったら個々の良い部分を引き出せるか、毎日悩んでいます。

そうした中、吉田正尚選手に関しては一軍に送り出す前に、少しは成功体験になったかな、ということがありました。

左打者の吉田正尚選手ですが、キャンプから見ていて左投手も苦にしないタイプだと感じていました。ただ、少し右肩の開きが早くなり、打撃の状態を落としているのが気がかりでした。そこで僕が考えたのが、あえて左投手と対戦させることでした。

優れた左打者をずっと観察していて気づいたのは、彼らは左投手と対戦した打席で自分の打撃を見つめ直しているということです。イチロー選手にしても、青木《あおき》宣親《のりちか》選手にしてもそうですが、左投手を打ち出したら打率が上がってくる。そこで打撃を見直して状態を上げていくんですね。

吉田正尚選手についても「左投手を打たせたら調子が上がるだろうな」と考えました。右肩の開きを意識して、自ら修正してくれると思ったのです。だから、二軍公式戦2戦目となる16日の広島戦で、あえて左打者を3人ずらりと並べたあとの5番に据えました。「ここまで並べたら、さすがに相手も左を出してくるだろう」と踏んだのです。思惑通り、左投手をマウンドに引っ張り出したあとの8回でした。吉田正尚選手は公式戦初安打となる本塁打を放ったのです。その次の打席で同じ左投手の球を凡打してしまったのですが、そのときに自分でも「右肩の開き」に気づいたのでしょう。そこから調子を上げていきました。監督として大きなやりがいを感じた一幕でした。

もちろん、これはひとつの成功体験というだけで、彼が一軍で活躍し、定着するためにはもっと多くの成功体験と自信が必要でしょう。しかし、プロ人生の分かれ目となりそうなところでも萎縮せず、「ここで打ったらメシが食えるかも」という嗅覚にしたがってプレーできる選手であるとしたら、それだけでとても貴重な才能なのです。

## 【2016年シーズン終了後の後日談】

「なぜ吉田正尚選手の右肩の開きに気づいていながら、指摘しなかったんですか?」

このコラムの読者の方から、そんな質問をいただきました。

「正尚には、自分の修正ポイントに自分で気づくことのできる能力があるからですよ」

と僕。指導者として、気づいたことをその都度指摘するのも大事なのでしょうが、そうしていくうちに選手は、「自分で気づくことのできる能力」を失ってしまうかもしれません。「何かあっても、誰かが言ってくれるやろう」と、自分自身を深く観察することをやめてしまいかねないのです。

ルーキーである吉田正尚選手は、シーズン終了後に台湾で行われたアジアウインターリーグで、打率・本塁打数・安打数・塁打数・打点でいずれもトップとなり、最優秀打者に選ばれました。いずれはチームの主力になりうる人材です。ですから、彼の持っている能力を失わせないためにも、言葉ではなくゲームの中で、彼自身が修正していけるよう、お膳立てをしたのです。

このときは左打者の彼に、あえて左投手の打席を増やしました。左投手は右投手に比べると、シュート系の球を投げる人が少ないように思います。ですから、左打者が左投手の打席に立つと、入ってくる球ではなく、外に逃げていく球を多く打たなければなりません。けれど外の球は、肩が開いていては打てないのです。

イチロー選手や青木選手など、左の名バッターはみな、左投手をうまく打っていると、調子が上がっていきます。もちろん好調になるには肩の開きだけではなく、もっとさまざまな理由があるのですが、吉田正尚選手のケースに関しては「逃げていく球への対応」が当てはまりました。そこを修正していく中で、右肩の開きに自分で気づくことができるからこそ、吉田正尚選手は素晴らしいセンスの持ち主であると言えるでしょう。

話は少しそれますが、僕はルーキーに対してよほどのことがない限りは、微調整以外何も言わないことにしています。つまり、びっくりするような投げ方をしようが、バッティングフォームが変わっていようが、グラブさばきが不思議な感じであろうが、まずは様子を見るのです。少年野球以来、ずっと馴染んできたやり方であろうし、それを評価されてドラフトで指名されたわけですから、いじるのはおかしいと思うからです。もちろん、そのままでは通用しない部分は多々ありますが、まずは「どこまでどのあたりが通用するか」を見たうえで、変更すべき点は伝え、残すべき部分は尊重するようにしています。

# 2016年4月

## いまが這い上がるチャンス「負け癖」が最大の敵

オリックスはいま、ウエスタン・リーグで置いてきぼりを食らい、最下位に沈んでいます。チーム状態が悪い中で思うのは、負け慣れている環境では本当の技量は上がらないということです。打撃でも守備でも、勝ち試合と負け試合とでは得られる経験値が格段に異なります。選手の育成が主目的の二軍とはいえ、「負け癖」をつけずに勝負にこだわることの大切さを痛感しています。

### 緊迫する勝ち試合の中で技術を上げてこそ

4月中盤からの二軍公式戦では、序盤で相手に大きくリードを許す試合も目立ちました。大味な展開になると、攻撃面では攻め手がなくなり、単純に打って出るしかありません。そんな局面でいくら安打を重ねても、あまり意味がありません。打撃にしても、投球、守備にしても、緊迫する勝ち試合の中で技術を上げていかないと、いざというときに使える技術にはなりません。のしかかる重圧が桁違いになる一軍に上がったとき、磨いたはずの技術が生きてこないのです。

近年、二軍のチーム成績がずっと低迷していることもあるのか「負け慣れているな」と感じることがよくあります。そこが一番の問題点です。ずっと負けていると「今日も負けるかな」とつい思ってしまうものです。

僕の現役時代は負けていても「何が起こるかわからない。後ろの打者につないでいけば、なんとかなるかもしれない」と思って試合に出ていました。いったんゲームが動き出せば、そこからどんどん波に乗っていけることもあります。劣勢ですぐにシュンとなって、諦めてしまうムードを変えるには、やはり勝つという成功体験を積み上げることが必要です。体にしみついてしまった負け癖、諦め癖を取り除かないことには個々の成長もなく、一軍に定着する選手は出てきにくくなります。

一軍の打者の調子が上がっていないいま、二軍にいる野手はチャンスだと思って、目の色を変えないといけません。この状況でたとえば3日間、3安打の固め打ちを続けたら、一軍に呼ばれる可能性は十分にあります。這い上がるチャンスが転がっているのに、それをものにしようとする姿勢が伝わってこないので、12日のナゴヤ球場での中日戦のあと、ミーティングで雷を落としました。

## 発奮材料がたくさんあるのになぜ?

「このままいったら全員クビになるよ。二軍の最下位チームの選手をどこの球団が拾ってくれる?　なにをのんきに野球をやっているんだ」

選手を見ていてもどかしくなるのは、どんどん盛り上がり、注目度が増しているいまのウエスタンには発奮材料がたくさんあるのに、と思うからです。

僕が米球界からオリックスに復帰した頃と比べると、いまは各球団の営業努力もあって、二軍戦でもたくさんのお客さんが来てくれます。「カープ女子」や「オリ姫」といったファンの存在があり、ソフトバンクはファームの新球場建設、阪神は掛布《かけふ》雅之《まさゆき》さんの二軍監督就任と話題も豊富です。

二軍戦は一軍と違って鳴り物の応援がなく、ファンの意識がひとつのプレーに集中されます。観客の反応がひしひしとこちらにも伝わってきます。素晴らしいプレーには拍手が起こります。

## 打撃でも、守備でも、走塁でもいい

打撃でも、守備でも、走塁でもなんでもいいのです。自分がどんなプレーをしたときにスタンドが沸いたか、それを見れば、プロとして自分が生きていく道がわかるのです。見られることによって選手は育つともいいます。まさにこの絶好の環境を生かさない手はないのです。

ファンに喜んでもらえるセールスポイントをひとつ見つけただけでもしめたものです。選手としての土台ができあがり、総合力を身につけてから一軍に呼ばれるのがベストですが、現実には難しいことです。

ただひとつでもこれだけは人に負けないというものがあれば、それを足がかりにとりあえず一軍に割り込み、戦いながら学んでいく、ということが可能になります。強いスイングが売りだったルーキーの吉田正尚外野手のように「一芸」で上に上がり、そのままチャンスをつかむ選手も現にいるわけです。

同じくルーキーの大城滉二《おおしろこうじ》内野手は4月初めに一軍に初昇格しました。病気で出遅れていた遊撃のレギュラー、安達了一《あだちりょういち》選手が復帰し、入れ替わりで二軍に戻りましたが、10日間ほどの一軍経験がプラスになり、見違えるように自信が芽生えています。「もっとやらないといけない」と、一軍未経験の頃とは練習への取り組み方が変わり、目つきがギラギラしてきました。

### 悔しさを発奮材料に変えられるか

大城選手は身体能力が高く、広い守備範囲などに素質を感じさせる選手なので、レギュラーを脅かし、刺激を与える存在に成長してほしいものです。「鉄は熱いうちに打て」と言いますが、いまがたたいて鍛え上げるときですね。

一軍に呼ばれた選手でも、諦め癖が身体にしみついていると「上がったからいいや」と満足してしまい、そこからさらに踏ん張ろうとはしません。再び二軍に落とされたときに、悔しさを発奮材料に変えられるかどうか。そこが分かれ道です。「しがみついてでも、やっと巡ってきたこのチャンスをつかむんだ」という前向きなエネルギーを選手全員に行き渡らせるためにも、強いファーム作りに取り組まなくてはと思っています。

### 【2016年シーズン終了後の後日談】

このときご紹介した大城選手は沖縄出身。「なんくるないさー」の精神なのです。「なんくるないさー」は沖縄の方言で、「なんでもないさ」とか「なんとかなるさ」といった、Take it easy的な、楽天的な意味合いを持ちます。本来はもっと深い意味があり、「きちんと筋道立てた正しい行いをしていれば、おのずと道は拓《ひら》ける」ということらしいのですが、「なんくるないさー」と聞いた途端に、ああああ、と、身体中の力が抜け出ていくような感覚に襲われてしまいます。日常生活の中では大好きな言葉なのですが。

ちなみに大城選手自身が「なんくるないさー田口さん」と言ったことは一度もなく、僕が心の中で思っているだけなのですが、なぜそんなふうに思ってしまうかというと、彼はいい意味で打たれ強いからです。割と同じ失敗を何回もするし、そこに対しての焦りが出てきません。ですからどうしても、「やっちゃったー、けど、なんくるないさー」というふうに見えてしまうのです。

大城選手が新人としてはじめて春のキャンプに参加していたときのことです。「さっきまで隣（一軍）のグラウンドで練習試合に出ていたなー」と思っていたところ、突然二軍のグラウンドに登場しました。同じミスを2回続けてやったことで、しかもそれに対しての焦りが見られなかったことから、追い出され――いえ、送り込まれてきたのです。

その後、大城選手はシーズン中に一軍昇格のチャンスをつかんだものの、何度も見逃し三振を繰り返し、二軍に戻ってきました。一軍の投手は、決め球をいくつも持っています。失投など、付け入る隙があるアマチュア野球とは違って、追い込まれてから自分の好みの球が来ることなんてまずありません。

大城選手も、追い込まれて、「あー、見逃しちゃったー」で、ベンチに帰ってくるという日々を繰り返しているうちに、さすがに「これではプロで勝負できない」と気づいたのでしょう。シーズン終わり頃には、初球から攻めたり、2ストライク後も食らいつくといった姿勢が見え始めました。「なんくるないさ」ではやっていけないのがプロの世界。バットを振らなければ何も起こらないのです。

しかし、大城選手のように、何度も何度も失敗を繰り返しながら最終的にじわじわと変化していく選手というのは、精神的にも強いし、それだけ熟成する可能性もあります。レギュラーの安達選手を尊敬しつつも、「いつかはショートで勝負したい」と言ってのけるルーキー。これから先の大舞台で緊張感に押しつぶされかけたとき、「なんくるないさ」の精神が彼を救うことだってあるかもしれません。実際、2016年12月に行われたアジアウインターリーグでは、吉田正尚選手とともに大活躍、オリックスに大城あり、という印象を強く残しました。ルーキーイヤーにこういった精神的な変化を遂げたあたりに、適応能力の高さを見せつけたのです。

# 2016年5月

## チームが苦境のときこそ不可欠 逆転の発想

一軍でチームがなかなか浮上のきっかけがつかめないときに、逆転の発想で実績のない若手をどんどん試すということもあり得ると思います。環境が人を育てることもあります。チャンスを生かした若手がカンフル剤の機能を果たすこともあるでしょう。

## 1歩でも前に進むために大胆な策

一軍での実戦機会にひとつのプレーを見せることで「おっ、こんな選手だったのか」と首脳陣の見方ががらりとプラスに変わり、選手の成長につながることがあります。腰を痛めて離脱したのは残念ですが、オープン戦終盤で見せた力強いスイングが目を引き、一軍に定着してスタメン起用され続けたオリックスのドラフト1位ルーキー、吉田正尚選手はその好例です。

一軍のレギュラーがガチガチに固まっていて、すべてのポジションの選手が満足な健康状態で戦えているのならば話は別です。ただ、新外国人選手や投手陣の状態が思うように上がらず、負傷離脱者も出てなかなか波に乗れないオリックスの現状を考えれば、打開策としていろいろな選手を試してもらえる可能性があるかもしれません。そのために二軍も準備をしっかりしていかないといけないと感じます。

まだシーズン序盤ですが、二軍にいる選手たちには「2回目のチャンスが来ているぞ」とハッパをかけています。上をうかがう若手、中堅にとっては、開幕直後の時期に続く再びのアピールの機会が訪れているのです。

勝率を見るとウエスタン・リーグでの成績こそ伸びていませんが、二軍にいる選手一人ひとりのプレーには粘りが出てきました。いままでは簡単にベンチで諦めていたような展開でも「なんとかなるんじゃないか」と自分たちを信じるようになってきたように映ります。グラウンドでの雰囲気が変わり、徐々に戦闘モードが整いつつあります。

## 自信を持ってひとつひとつのプレーに臨む

自信を持ってひとつひとつのプレーに臨むこと。選手として飛躍を遂げるためには、これが大切です。4月末に一軍に復帰してからのT-岡田選手は、顔つきに自信が溢れるようになってきました。技術的な面ではなく、精神面でタフさが増しました。打撃に悩んで二軍暮らしを味わいましたが、もう大丈夫でしょう。

彼はもともと球に対してバットをうまく合わせ、安打にできる技術を持っています。逆方向である左翼へちょこんと流し打ちすることも上手です。ただ、こうした器用さが、あだとなっている部分もありました。

彼の持ち味は本塁打です。投手がちょっとでも間違ったコースに投げれば、やすやすとスタンドに持っていける長打力が、選手としての最大の魅力なんです。打席で力強いスイングをして、投手に「うわ、嫌だな」と思わせる打者でなければいけません。そういう選手がたとえ初球からきれいにミートして安打を放っても、相手投手はまったく怖くありません。むしろ「助かった」と思うはずです。

プロ野球界にもさまざまなタイプの選手がいますが、空振りひとつで相手を恐怖に陥れることのできる打者はそうはいません。自らの一振りで試合の空気、スタンドの雰囲気をがらりと変える。彼はそれができる限られた選手なのですから、調子の良しあしにかかわらず、全身から自信をみなぎらせておかないといけないのです。

これまでは自分自身の優れた特性を信じ切れず、カウントで追い込まれてもいないのに、中途半端に当てにいくようなスイングが目立ちました。ですが、いまの彼には、打席での空振りひとつにしても、以前のような迷いが感じられません。福良淳一監督から「おまえには自分というものがない。一本、筋を通しなさい」と叱咤され、期するものがあったのでしょう。打席内で自分らしさを貫く「覚悟」がうかがえるようになりました。

## 勝利を追求しながら数年先も見据える

こうした主力級の選手やベテラン、中堅選手を刺激してさらなる奮起を促すためにも、生きのいい若手の台頭が望まれます。僕自身、米国ではチーム内競争をいやが応でも自覚させられました。前日まで一緒にプレーしていた選手が次の日にはクビになってグラウンドにいなかったり、クラブハウスのロッカーを慌ただしく片づけていたり。そういう光景を何度も目の当たたりにしました。厳しい環境で強いプレッシャーを受けた経験が「やらなきゃ、やられる」という負けん気を呼び起こし、それが良い方向に働いたと思っています。

僕が6年間プレーし、2006年にはワールドシリーズも制覇したカージナルスは、公式戦に出場できる25人枠をうまくやりくりして、選手を入れ替えていました。誰かが調子を落としても、抜擢《ばってき》された別の選手が遜色《そんしょく》なく穴を埋めて代役を務められるのが、チームの強さの秘訣《ひけつ》でした。目の前の勝利を追求しながらも、数年先までをきっちり見据え、マイナーリーグでの選手の育成や教育をしっかりやっていたからこそ、そのようなチーム内の好循環が生まれたのだと感じます。米国と日本とでは選手数や育成システムに大きな違いはあれど、それが目指すべき理想像であると感じています。

## 【2016年シーズン終了後の後日談】

一軍に上がる、というのは二軍の選手にとって何よりの目標であり、せっかく上がれたのに、再び二軍落ちするのはつらいに決まっています。しかし、「転んでもただでは起きない」という言葉があるように、単に「あーあ、がっかり」と気落ちして終わるのではなく、一軍で何かをつかむことが、選手にとって何よりの成長材料になります。

つまり、一・二軍の往復は誰しも経験することだけれど、そこでどれだけのことを学べるかで、選手の伸びようは大きく変わってくるのです。特に、「自分と大して変わらないのに、なんでこいつらは一軍で自分は二軍なんだ」と思ってしまえば、そこに嫉妬は生まれても成長にはつながりません。しかし、一軍の力に素直に敬意を表して、謙虚な気持ちを持ったとき、新たな気づきを得られることもあるのです。

それを感じさせたのは、齋藤綱記《さいとうこうき》投手でした。たいていの場合、一軍から戻ってきた二軍選手は電池切れしたかのような表情で、晴れ舞台に立った短い夢のような時間を反芻《はんすう》するばかり。どちらかといえばやる気を取り戻すのが難しい状態になっていたりするのです。しかし、齋藤投手は実にいい顔でグラウンドにやってきました。おそらくは、「自分はまだまだなんだ」ということを肌で感じてきたのでしょう。だからでしょうか、「いくぜ！」という意欲が表情に表れていました。ずっと二軍にいたら絶対にわからなかった一軍のすごさを実感し、目標がしっかりと定まったのです。

二軍落ちを「挫折」とは呼びたくありませんが、失意から学べる人間は、やっぱり伸びしろを持っているのだと感じました。

# 2016年6月

## ぶれずにやり抜けるか　一軍定着へのポイント

上（一軍）へ行っては落とされて、また上へ行って、また落とされて——。二軍にいる大半の若手はこうした繰り返しの中で、ちょっとずつ成長の階段を上っていかなければなりません。ここで大事になるのが、課題ととらえたひとつのことを徹底して克服できるかどうか。やっていることを曲げず、ぶれずに続けてやり抜けるかどうかが成功への分岐点とも言えるでしょう。

### ゲーム後も黙々と打ち込み

二軍の若手に良いヒントを与えてくれているのが、プロ5年目の29歳、小島脩平《こじましゅうへい》選手です。5月半ばに一軍に昇格してからの彼は、安定した打率をマーク。一貫してひとつのことに取り組んできた成果が出始め、レギュラーの座さえ奪いそうな勢いがあります。

内外野のどちらもこなせ、俊足を武器とする彼の大きな課題は、打撃での速球への対応でした。昨シーズンは強いストレートに差し込まれる場面が目立ち、首脳陣からも弱点として指摘されていました。小島選手もそれが伸び悩んでいる最大要因と自覚し、昨秋と今春のキャンプ、開幕してからの二軍生活でも「真っすぐに振り負けず、強い打球を打つ」をテーマにひたすら打撃練習を繰り返してきました。

ウエスタン・リーグのゲームが終わったあとも、ずっと室内練習場でひとり黙々と打ち込み、課題を克服しようと着々と準備してきたことが、いまの彼の姿につながっていると言えるでしょう。もともとは足の魅力を最大限に引き出すために、打撃も磨くという戦略でしたが、速球への対応ができたことにより、いまはいろんな球種を打てるようになりました。速い真っすぐに対してタイミングを合わせ、きっちりとらえてはじき返すことができれば、心にも余裕が生まれます。おのずとバットコントロールにも余裕が出て、変化球への対応力も高まるのです。

## 「これさえやれば大丈夫」があれば

たとえ二軍に落とされても「これさえやっておけば自分は大丈夫だ」という確固たるものを見つけ、また同じことにトライして、来《きた》るべき次のチャンスを待つ。自分を信じてひとつのことに打ち込んだ小島選手を好例として飛躍してほしい若手のひとりが、高卒3年目の20歳、奥浪鏡《おくなみきょう》選手です。

長打力に加え、打点を稼ぐ能力が魅力である彼の課題は、好球をワンスイングで仕留めるということです。一線級のプロの投手を相手に甘い球を打ち損じたら、次はもう同じ球は来ません。

打点を挙げるべき得点圏で失投をファウルにしたら、その時点でもう負けとも言えるのです。技術力もさることながら、いかに集中力を高められるか。なかなか難しいことですが、それができなければ上の世界では通用しません。

常に笑顔が絶えず、明るい性格で愛されている奥浪選手ですが、グラウンド上ではそのキャラクターは必要ありません。練習しているとき、ゲームから離れたプライベートでは、かわいい笑顔でいればいい。ただ、パッと試合に入ったときに、一瞬にして表情が変わってほしいのです。彼が一生懸命、真剣に野球に取り組んでいるのはわかるのですが、まだ勝負する顔ではありませんでした。「ぐわーっ」と一気に集中力を高める勝負師の顔。そこが足りない部分でもあると思っていました。

マウンドからホームベースまでの間には、打者と投手、捕手の3人にしかわからない空気が流れています。打者が打席に入って投手と対峙したときに、互いに何を感じるかが非常に重要です。打者にとっても投手にとっても、この間の空気をどうやって自分が制するかが、勝負のカギを握る一番のポイントなんです。

## 敬意は必要だが、お人よしではダメ

レベルが違う者同士でゲームをするとストライクが入らないことがよくありますが、それが典型的な例です。たとえば打者が精神的に優位に立つと、投手は際どいコースでのストライクは取れず、勝手に球が甘いところへ集まってしまうものなのです。打者から見れば、ストライクとボール球がはっきりしてしまえばしめたもの。配球傾向などのデータも大事ですが、その場その場に応じた「対症療法」で投手心理を読み取り「こっちが勝っているぞ」と相手に思わせることが、より大事です。

打席に入ったときに「俺は大丈夫。いつでもどうぞかかってきてください」という雰囲気を醸し出していないと、勝負の世界では勝てません。相手を威圧し、圧倒する空気を身にまとってはじめて、３人の「間」を制することができるのです。

相手に敬意を払う姿勢を忘れてはなりませんが、グラウンドに立つ以上、お人よしではダメなのです。笑って人を斬るぐらいの冷徹さ、したたかさ、ときにはえげつなさも求められます。僕自身、現役時代からそういう考えでした。表向きはニコニコしながらも、内面では常に相手の嫌がることをあれこれと考えながらプレーしていました。どういう心理状態のとき、人はどんな顔になるのかを研究し、いざとなれば、もっともらしい表情を作ったものです。相手を精神的にも上回らないと勝てないのが野球です。どうしたら自分が優位に立てるのか、その手法を学んでいくことも、選手として大成するために不可欠な要素となります。

そんな奥浪選手ですが、6月14日にはじめて一軍に上がると、早速その日の試合でスターティングメンバーに抜擢され、2本のヒットを放ちました。そのときの顔といったら、まさに勝負師のいい顔をしていました。またひとつ成長の階段を上がったのだと思います。

### 【2016年シーズン終了後の後日談】

2016年シーズンの間、一軍に送り出したたくさんの選手たちの中で、たったひとり二軍に帰ってこなかったのが小島選手です。間違いなく誰よりも練習し、誰よりも気持ちを切らさなかった、と太鼓判を押せるその原動力は、ちょうど1年半前の出来事に起因しているような気がしてなりません。

2015年の秋のキャンプ。小島選手は高知の一軍キャンプに帯同できず、神戸の二軍キャンプに居残りとなりました。連れていってもらえなかった、そのときの悔しさや切なさを、きっとシーズン中、ずっと心のどこかに置いていたことでしょう。2016年のシーズンでは、持ち前の足の速さをベースに、「ただ速いだけ」とは言わせない、さまざまな場面での適応能力を発揮しました。シーズン終盤、ボロボロになりかけていた身体にむち打ってプレーしている姿からは、「なんとしても今季は一軍で終わるんだ」という気迫が感じられました。小島選手は今年で30歳。首脳陣の目が若手の成長に向かいがちな中にあって、ベテランの域に入る彼がどのように活路を見出していくか、楽しみなところです。

一方、奥浪選手も、2016年秋のキャンプにおいて「やり続けることの大切さ」から手応えを得たように思います。まるっとした身体つきは愛嬌《あいきょう》があり、体型の似たメジャーの内野手・サンドバル選手が「カンフー・パンダ」と呼ばれていることにあやかって、僕は心の中で「オリックスのカンフー・パンダ」と呼んでいます。

しかし、いくら愛嬌があっても、プロの世界ではそれだけでは渡っていけません。21歳とまだ若いため、瞬発力こそあれど、集中力や持続力には課題がいっぱいです。長距離走をやっても、すぐにバテバテになってしまいます。そこで秋のキャンプでは、とにかく僕がぴったりついて、どうやったら足を楽に運べるか、どうやったら坂道を登れるかといった話で気持ちを盛り上げながら、時間のある限り、10キロ近くを並走しました。「サボらせまい」という僕の思惑を隣でひしひしと感じながらの練習だったに違いありませんが、結果としてキャンプの終わり頃には「走れるようになるもんっすねえ！」と自画自賛するほどの手応えを得たようです。

「心の持続力」には強い意志が必要ですが、ぶれることなくその意志を持ち続けていれば、必ずなんらかの形で報われることを、特に若い選手には学んでいってほしいものです。

# 2016年8月

## 野球の基本が「勝負の鉄則」とは限らず

野球は一瞬の判断力が求められるスポーツです。打撃や投球、守備で一般的に野球の基本やセオリーと言われていることが、必ずしも勝負の鉄則に当てはまるとは限りません。勝敗を決するような局面で自分が何をすべきかを瞬時に見極め、実行に移していく力を身につけることが、一流選手の仲間入りを果たすためには欠かせません。

## 若い選手には「瞬発力」を鍛える経験を多く

大きな重圧がかかる試合になればなるほど、悠長に立ち止まっている時間はありません。打席に向かうとき、頭の中であれこれと考えを巡らせている十分な時間はなく、勝負にとって必要なものを反射的に判断し、身体を動かしていくことが求められます。若い選手には、こうした「瞬発力」を鍛える経験を数多く積ませることで、勝負勘を身体にしみこませたいと考えています。

8月5日のウエスタン・リーグ公式戦、ソフトバンク戦では4－8で負けている8回2死一、三塁の場面で、若手の勝負勘を試しました。打席には高卒4年目の右打者、武田健吾《たけだけんご》選手。カウントは3ボール、0ストライクで、次の打者は長打力のあるボグセビック選手です。四球を選んで走者をため、外国人選手の一発に期待してもいいところですが、僕は「待て」のサインはあえて出さず、武田選手に打たせる判断をしました。カウントを稼ぐ直球が100パーセント来る状況で、どのような打撃をするのかを見たかったからです。

思い切りの良いバットスイングを見せての空振りや、左翼方向へ引っ張った鋭いファウルでもよかったのですが、結果はやや甘い直球に差し込まれ、詰まった当たりのセカンドフライでした。

## 指導の意図、ミーティングで明確に

試合が終わり、彼に打席での意図を尋ねてみると「センター返しを心がけました」という回答が返ってきました。センター返しは打撃の鉄則なのですが、点差が開いていて、直球一本に的が絞れるあの場面では必要のない姿勢です。むしろ、イチかバチかというぐらいの強気で、バットの芯でとにかく強い打球を飛ばそうと考えてほしかったのです。彼は野球の基本にしたがって打ちにいったわけですが、それが必ずしも勝負の基本であるとは限りません。

3ボールから打たせて「監督は何を考えているんだ」と選手がいぶかしく思うこともあるで

しょう。ですから「常識的にはこうだけれど、あそこではこういう狙いがあった」などと、こちらの指導の意図をミーティングなどで明確に説明することが大事だと実感しています。

若手の経験値を上げていこうという取り組みの中で、シーズン序盤と比べると選手たちの目の色が変わってきたなという手応えも得ています。6月には20歳の園部聡選手が二軍戦で5本塁打を放ち、ウエスタン・リーグの月間MVPを受賞しました。福島・聖光学院高時代からスラッガーとして注目されていた園部選手は、右肘を手術したこともあり、2015年シーズンから育成選手となっていました。二軍での活躍が認められて7月1日に再び支配下登録されると、一軍に初昇格した3日に即スタメンに抜擢され、プロ初打席初安打に加えて決勝適時打も放ちました。身近にいた苦労人が脚光を浴びたことは、二軍の若手にとって大きな刺激となりました。

## ぶれない軸と心の余裕、身につけて

きついリハビリを経てのサクセスストーリーを一度は味わった園部選手ですが、すぐに壁にぶち当たり、電池切れしたように二軍に帰ってきました。一軍と二軍では選手の質の高さがまったく違います。そのレベルの違いに戸惑い、不安を覚え、自分がいままで正しいと信じて取り組んできたことを貫けなくなるのは、致し方ない面もあるでしょう。はじめて一軍に上がるプロ選手ならば、誰もが通ってきた道と言えます。

　もともと度胸があってユーモア溢れる園部選手ですが、早く上のレベルに追いつきたいという焦りから、周囲に言われたことのすべてが正しいと思い込み、何気ない冗談でも真に受けてしまうような精神状態になってしまったのでしょう。あれもこれもやってみようと試行錯誤するうちに、もともと持っている自分の打撃の形をどんどん崩し、修正ポイントすらわからなくなるという悪循環に陥っていきました。

　今回の一軍昇格は彼にとって、自分を見失わないようにすることがいかに大切であるかを痛感する貴重な経験となったはずです。自分の持ち味がどこにあり、解決すべき課題がなんであるのかを把握できていれば、コーチの指導を受けながら、それをアレンジして自分の技術に取り入れていくことも可能になります。

　自己をどれだけ確立できるかが、ワンランク上のレベルでやっていけるかどうかのカギを握っています。でも、それは一朝一夕で身につけられるものではありません。先日、メジャー3000本安打を達成したイチロー選手でさえ、数々の重圧をはねのけて実績を残し続ける中で、自らをコントロールして冷静でいられる術を身につけたのです。一軍に上がってはガツンと打ちのめされ下に落とされる。若手はこの繰り返しを糧にして、ぶれない軸と心の余裕を身につけるしかありません。

## 【2016年シーズン終了後の後日談】

セオリーとは、誰が定めたものなのでしょう。「これが野球の鉄則」と言われたら、「ハイそうですか」と呑んでしまってもいいものなのでしょうか。

いつの時代も、はじめて出現した新しい理論は、たいていの場合そのときの常識からはみ出していることが多いものです。けれど、新しいものを試さなければ発展や進化はありませんし、いつまで経っても同じ場所に立ち止まっているばかりです。はみ出した理論が結果を出せば、みなが真似するようになり、いつしか時代のスタンダードにもなり得るのですから。

勝負の場面でセンター返しを心がけた武田選手は、もともと大変丁寧で、何事もきっちりやるタイプ。丁寧さは安心を生みますし、たとえ失敗しても、「きっちりやったのだから」「セオリー通りやったのだから」という理由づけができます。

しかし、安心を求めるということは、冒険心がないということです。「こうでなければいけない」という思いは、それ以外の道をすべて否定してしまうことにもつながります。ですから、セオリーがはまったときはいいけれど、セオリー通りにいかないときには、壁を破れずもがくことになるのです。

若いうちは「理想の野球とはこういうものだ」という思いを頑《かたく》なに持っている選手が少なくありません。しかし、野球にはときとして、理論を超えた感情の勝負がありますし、「ここで勝負に出て、アカンかったらしゃーない」と腹をくくらなければならない場面にも出くわします。考えに考えた末の「勝負」であれば、たとえ思い切り三振しようが、ガツンと打った打球を捕られようが、本人も意外と諦めがつくものですし、使う側としても、すっきり終わることができます。問題なのは、瞬時の判断が求められるときにもなお、失敗を恐れ、勝負に出ることをためらい、安心を求めてセオリーに走ることです。腹をくくる覚悟を持たなければ、大きな試合を戦うことはできません。

長いこと付き合ってきた、無難な自分像に別れを告げるのは、意外と努力がいるもの。しかし、プロの世界では、必ずしも「いい子」が重宝されるとは限らないのです。

# 2016年9月

## 崖っぷちのときこそ信じろ「誰かが必ず見てくれている」

グラウンドに涼風が吹くようになり、チーム内の雰囲気も一気に秋めいてきたと感じます。来季のチーム構想から外れ、戦力外を告げられる選手も出てくる季節が到来しました。崖っぷちにいる選手にとっては心が揺れ動く時期ですが、こうしたときこそ「誰かが必ず見てくれている」と信じ、目の前のプレーに集中するしかないのです。

二軍には、これから上に這い上がろうとする育ち盛りの若手もいれば、プロ入りから数年を経た中堅もいます。年齢的に微妙な立場となった選手からすれば「来季はどうなるんだろう」と先のことを考えて思い悩むのは、やむを得ないことなのかもしれません。なにしろ、戦力外になる経験などしたことのない選手がほとんどなのですから。

ですが、あれこれと思いを巡らせたところで過去は取り戻せないし、事態は好転しないのです。明日は何が起こるか誰にもわからないぞと思って、ユニフォームをまとっている以上はその日の野球に全力をかけるしかないのです。僕自身、そのような考えを持つに至ったのには、米大リーグでのプレー経験が大きく影響しています。

## 決して手を抜かぬ重要性を大リーグで実感

2002年に渡米して、はじめて所属したカージナルスでは当初3年契約を結びましたが、その後は1年ごとに契約を更新してプレーしました。米国でプレーする選手は基本的に1年契約であることが多く、毎年のようにフリーエージェント（FA）となる選手がいます。言い換えれば、毎年クビになっているわけです。僕もカージナルス、フィリーズ、カブス、日本球界に復帰してからのオリックスも含めると、4回はクビになりました。

何度クビになる野球人生なんだろうと思いつつ、その都度、別の球団が契約をしてくれたのは、自分自身に良い意味での危機感があったからだと思います。新たな契約の場ではよく「ずっと見てきたよ」という言葉をかけられました。マイナー暮らしをしたり、代走や守備固めなどで出場機会が限られたりしても「一瞬たりとも手を抜いてはいけない」と強く実感したものです。日の目を見なくても、とにかく精いっぱいやるしかない。その信念を持ち続けた者に、野球を続ける権利が与えられるのだと思います。

二軍の指導者としてはじめてシーズン終盤の時期を迎えたいま、思い悩んでいるのは選手たちの起用法です。チームを去っていく選手にしても、退団即引退となるわけではなく、トライアウトなどに挑戦して現役続行の道を模索していくはずです。僕自身、何球団も渡り歩いた身ですから、なんとかその選手たちの手助けをしたい。彼らの調子を維持させつつ、若手を積極的に鍛え上げる選手起用とは──。この難題と向き合う日々です。

一方、最下位に苦しむ一軍では、福良淳一監督のもと、そろそろ来季を見据えた戦いが始まっています。新たなチーム構想を練り直す中で、本職とは違ったポジションで試される選手もいます。伊藤光《いとうひかる》捕手が一塁手で、ルーキーの大城滉二遊撃手が中堅手や三塁手でスタメン出場する機会も出てきました。

## 守備位置が変わることの大きな効用

伊藤捕手にとっては、3年目と若い若月健矢《わかつきけんや》選手に正捕手の座を明け渡したようで、悔しいと思うかもしれません。ですが、一塁の守備位置から野球を見てみると、いままで捕手の目線でしか見ていなかった野球とは違った世界が広がることもあるでしょう。バッテリーの呼吸の合わせ方、打者との駆け引きなどを違った角度から勉強することで、捕手に戻ったときに新たに生かせることもあるはずです。

俊足、強肩の大城選手は打撃もアピールポイントで、どのポジションで起用すれば彼の身体能力を生かせ、チームにフィットするのかを見極めている段階だと思います。レギュラーの安達了一選手が休養したときには遊撃を任されることも出てくるでしょう。外野手の動きを学び、内野手にしてほしいことを体感として知っておくことは無駄ではありません。ポジション取りや返球のカットに入る位置、内外野の声の連携など、内野手としての技術向上にも役立てられるからです。

チームは発展途上にあり、複数ポジションで使われる選手には、大きなチャンスが転がっていると前向きに受け止めてほしいと思っています。任されたポジションをものにできれば、選手自身の幅が広がりますし、チームにも層の厚みという効果をもたらします。野心を抱いてプレーすることが競争の激化を呼び込み、来季の希望へとつながります。

## 【2016年シーズン終了後の後日談】

ポジションの配置換えを語らせるにあたって、おそらく僕は適任者のひとりであると自負しています。これにはちょっと自虐が入っていますが、僕自身がその経験者だからです。

長いこと外野手としてプレーしてきた僕ですが、ドラフト1位に指名されたときのポジションはショートでした。ですから、慣れ親しんできた場所から追われた寂しさは、誰よりも知っているつもりです。しかし、入団3年目、僕は、「もう絶対無理！　ダメ！」と音を上げそうになるくらいにイップス（送球難）がひどくなり、野球そのものをやめることまで考えていました。ですから、「もう（ショートは）ええやろ？」と当時の監督だった仰木彬《おおぎあきら》監督に言われたときは、食い下がる気力も理由も、寂しいなどと言っている暇もなく、それよりも、「ここから先、いったいどうやったらプロの世界で生きていけるのか」と、途方に暮れていたような気がします。

幸いにして外野手にコンバートしてもらったことで、僕の野球人生はつながりました。いま、こうしてプロ野球の世界に身を置かせていただいていることがつくづくありがたく思えるのです。

たいていの選手は「失格」ではなく、「出場機会を増やすための措置」として、コンバートの提案をされるものです。そのときのチームの構成状態や、どのように育てていったらチームにフィットするか、グラブや足のさばき方、将来への展望など、さまざまなことを鑑みたうえでの提案です。ポジションへのこだわりは、野球をやっていれば誰しもが持っているものでしょうが、そこにプライドを持ちすぎると、目の前にあるチャンスをつかめずに、プロ生命を縮めてしまいかねません。まずはグラウンドに立たなければ、何も始まらないのですから。

ちなみに外野手として賞をいただいたあとでも、そして引退したいまでも、ショートへの未練は続いています。

守りの花形は、ショートストップ。そのイメージが僕の中で色あせることはありません。手に入れられなかったからこそ、きっと心の中でずっと輝き続けることでしょう。

# 2016年10月

## エネルギーは内に秘めるな　表に出せ

手探りで走ってきたオリックス二軍監督1年目はウエスタン・リーグ最下位という悔しい結果に終わりました。ただ、少しずつ野球に対する考え方がチームに浸透してきたなという手応えも感じています。そのひとつは「エネルギーは内に秘めていてもなんにもならない。表に出せ」ということ。気持ちが前面に出てくる選手というのは、チャンスをものにする確率も高いのです。

そんなことを感じさせてくれた若手の代表格が、高卒3年目の園部聡選手です。9月11日に今季2度目の一軍昇格を果たすと、13日には球界を代表する日本ハムの大谷翔平《おおたにしょうへい》投手から中越え二塁打。18日には日本ハムと激しい首位争いを繰り広げていたソフトバンクに敗れたものの、最終回に意地を見せるプロ初本塁打を森唯斗《もりゆいと》投手から放ちました。シーズン最終盤に来季に向けた大きな手応えを得ましたが、このチャンスは紛れもなく園部選手が自分の力でつかみ取ったものです。

## 「これだけ強い気持ちがあれば大丈夫」

彼は二軍暮らしをしていた8月初めにケガをしました。足を引きずりながら走っているので病院に行かせると、医師からは左太もも前側の肉離れで全治1カ月、試合復帰までは約2カ月かかると言われました。ところが、彼は診断から3日後には「大丈夫です。動けます」と言ってきたのです。

僕自身、今季の復帰は難しいだろうとも考えていたのですが、本人と話し合うと「絶対にできます」と真剣そのもの。僕はその顔つきを見て「ああ、これだけの強い気持ちがあったら大丈夫だ」と確信しました。仮にもう一度、同じ場所をケガして今季を棒に振ってしまったとしても、誰のせいにもしないし、悔いを残さないだろう。もし、そうした悪い結果を招けば、自分の身体の弱さに腹が立ち、身体を徹底的に鍛え直して来季に臨んでくれるはずだ、と直感したのです。

もちろん、将来のある選手に大ケガをさせるわけにはいかないのは当然のことです。ですが、園部選手のケガの箇所や程度から、僕は内心、「練習をさせてくれ」と直訴してくるのではないかと期待していたところもありました。

僕も現役時代、軽度ですが何カ所か肉離れをしたことがあります。その経験から、どこを痛めたら本当に走れなくなるのかは理解しているつもりです。一番厳しいのはふくらはぎですが、それ以外の場所ならば、言い方は悪いですが、だましだましで走ることができます。スピードを買われ、盗塁などの走力で勝負する選手ならば確かに厳しい状況ですが、彼はそうしたタイプではなく、もっぱらバット1本でアピールする選手です。そこで、練習をしながらケガを治していく方法を選択しました。

トレーナー陣と復帰時期を早められないか交渉し、身体の動かせる部分は動かしていこうと、1週間後には練習を再開させました。約3週間後の8月30日に二軍で実戦に復帰すると、打撃の状態を徐々に上げていき「調子が良さそうだし、もう1回上げてみよう」と一軍に呼ばれたのです。今季中にもう一度、一軍戦への出場がかなうとは、僕も考えていませんでした。今季の貴重な財産を、彼は自らの強い気力で手に入れたのです。

## 真剣勝負、最後にものを言うのは胆力

園部選手は若手ですが、右肘手術を受けた影響で一時は育成選手も経験した苦労人です。ケガで休んで自らの居場所を失うことには人一倍、敏感だったのでしょう。一軍初昇格を果たした今年のうちに存在感をさらにアピールするためにも「こんなところで休んでいる場合じゃない」という思いが彼を突き動かしたはずです。

一軍の公式戦は年間140試合以上あります。長いシーズンを戦っていく中で、常に万全の体調で日々の試合に臨んでいる選手は皆無だと言っていいでしょう。誰もが身体のどこかに痛みや不安を抱えながら、プレーを続けています。ケガに対する身体や気持ちの強さが必要ですし、痛みをごまかすことすらできる高いレベルの技術を持っていなければ、プロでは絶対に通用しません。

「痛いです。代わってください」と言ったら、その時点で自分のポジションを誰かに明け渡すことになります。同じ場所に2度と戻れない可能性もある。それがプロの社会のおきて。それはプロ野球選手の誰もが理解しておかなければなりません。レギュラー選手がその座を守るた

めに、一軍に定着しようという若手が壁を破っていくために、休みによる空白期間を作ることは最大の敵なのです。

一流同士の真剣勝負の場で、最後にものを言うのは胆力です。「肉が離れようが、俺はやるんだ」というぐらいの気持ちの強さがないと、監督からここぞという場面で「最後、おまえで勝負をかけるぞ」とは言ってもらえません。打撃の形をいったん崩すと修正方法をなかなか自分で見つけられないもろさなど、園部選手には課題があり、一軍に定着するにはまだまだ時間がかかるかもしれません。しかし、競争の厳しいプロの世界で生き抜くための基礎となる気力、エネルギーを前面に出した姿には、今後への頼もしさを感じました。

## 【2016年シーズン終了後の後日談】

1年を通してエネルギーを前面に押し出し続けたという点で、育成のルーキー・赤松幸輔《あかまつこうすけ》捕手は別格でした。めげない、負けない、つぶれない。「象が踏んでも壊れない」という筆箱のコマーシャルを持ち出すのは古すぎますか？　しかしそのコマーシャルを思い出すほど、キャッチャーというもっともハードなポジションの練習を、赤松選手は痛いの痒いのなどとひと言も言わずに、弱音も吐かずに、そしてケガもせずにやり抜いたのでした。これはひとえに彼の精神力、そしてたゆまぬ身体の手入れのたまものでしょう。

育成であるがゆえに、そこまで出場機会には恵まれませんでしたが、あまりに頑張っている姿を見ると、やっぱりチャンスは与えたくなるもの。するとわずかな機会に、きっちり結果を出すのですから、目が離せません。彼は独立リーグ出身ではありますが、プロの1年間を戦う体力など、課題はまだまだたくさんあります。そんな中で、「僕は育成ですから。（少しのケガや疲れで練習を休むような）そんな身分じゃありません」と口にする謙虚な姿勢が、パフォーマンスではなく無言のアピールとなり、「ここにいるぞ！」という存在感を発信するに至りました。

はじめてのキャンプでは、ほかのルーキーが心身ともに疲弊し、食欲すらなくなっていく中で、「メシがうますぎます！」と感動し、食いすぎて太ったという珍しい人でもあります。今シーズンもさらなる成長を期待したいところです。

## 2016年11月

### 広い視野が成功のカギ　アンテナを張って周囲を見渡そう

日本シリーズも終わり、プロ野球もいよいよ次のシーズンへと歩み始めます。二軍監督兼打撃コーチとして迎える新シーズンに向け、選手たちにまず養ってほしいのは、常にアンテナを広く張って周囲を見渡す力です。自分の目に見えない部分にまで想像力を働かせることができなければ、広いフィールドで野球人としての能力をフルに発揮することはできません。

一球一球、一打一打に集中しろとはよく言われることですが、この二軍に来て感じたのは、目の前のことに精いっぱいになるあまり、周りにまで目が行き届かない選手が多いということでした。

## いまの若手選手に足りないものとは

たとえば朝、グラウンドに来て、塁間距離の半分ぐらい、15メートルほどのところに僕が近づいても挨拶をしてこない選手がいます。こちらが目を合わせようとじっと見つめていても、目が合わない。でも、彼らは決して意図的に無視をしているわけではないのです。そもそも、僕の存在が気にならないのでしょう。もしかしたら、視界にすら入っていないのかもしれません。

僕がオリックスに入団した1992年当時、このようなことは考えられませんでした。グラウンドに来たらまず、周囲に誰がいるかと周りをキョロキョロと見渡したものです。先輩、監督、コーチを見つけたら挨拶をしよう、もしくは逃げようと思っていました。成績や調子が悪く、自分がやり玉に挙げられそうなときにはあえて視界から外れるよう、距離感を保ったこともあります。それぐらい周囲の目を気にするアンテナを張り巡らせ、常に大丈夫かなとチェックしていました。そういう敏感で、ある意味ずる賢い部分が、いまの若い選手からは伝わってこないのです。

こうした現代気質とも映る現象は、彼らが小さい頃から携帯電話やゲーム機、タブレット端末などに慣れ親しんできた影響と言えるかもしれません。目の前の画面をいじって手元のことに集中しすぎる生活習慣が、グラウンド上での「無関心」にもつながっているように感じられてなりません。

移動中のバスの中で、ヘッドホンをして音楽を聴く。これは、試合に向けて適度な緊張感と集中力を高めていくうえでも大事なことです。ですが、普段の生活から万事が万事、自分の世界に閉じこもってしまってはダメでしょう。野球はボールの動きだけではなく、多くの人の動きに対して常に注意を払わなければいけないスポーツです。打つとか投げるとか、そういう次元の前に、注意力や洞察力で劣っていたら、勝負に勝つことはできません。

視野の広さはプレーにも影響します。たとえば走者一塁で、外野手が自分の横を抜かれそうな打球を追いかけていくとします。このとき、走者と打者がどこを走っているのか、外野手には正確にはわかりません。でも「自分の背後で何が起こっているのか、見えないものを見ようとしてくれ」と思うのです。打者と走者の双方の足の速さがしっかり頭に入っていれば、ふたりがどのような位置関係で走っているのかは、おおよそ見当がつきます。後ろにいる打者走者を二塁でアウトにしようとするほうが得策だ、といった判断もできるでしょう。

## 求められるのは機転を利かせたプレー

こういうイメージやビジョンが描けないと、どうしてもプレーがオーソドックスなものに陥りがちになります。「基本に忠実」は大事なことですが、ゲームは生きものですから、それだけでは通用しません。上のレベルに行けば行くほど、機転を利かせたプレーが求められます。打者ならば相手の守備陣形や打球に対する反応を見て打つコースや狙い球を考えたり、野手ならばその日の打者の調子の良しあし、味方投手との打撃の相性などから守備位置を変えたりするなど、先々に起こりそうなことを予測して準備する必要があります。そうした柔軟な思考回路を育てるためにも、視野を広く持つことが欠かせないのです。

いざ試合となれば「バットが下から出ていました」という打撃の形や技術論より、どの球を狙ってどちらの方向へはじき返すのか、打席での考え方をはっきりさせておくほうが大切になります。打席での読み、観察力に基づく勝負勘などは、実戦での成功例を糧にして徐々に磨いていくしかありません。

先日、22歳の武田健吾外野手がメキシコで開かれたU-23（23歳以下）ワールドカップ（W杯）代表として日本の優勝に貢献し、大会のベストナインにも選ばれました。4年目の今季、一軍ではわずか出場10試合、打率1割と悔しい思いをした武田選手ですが、国際大会を勝ち抜いた経験、それによって得た自信は、何よりの財産となったはずです。

## 来季の巻き返しへファームの底上げを期す

オリックスでは主軸である35歳の糸井嘉男《いといよしお》外野手がフリーエージェント宣言をして、その去就に大きな注目が集まっています。彼がチームに残ってくれるとしても、その存在を脅かすような若手が出てこなければチーム力の向上は望めません。来季の巻き返しのためにも、ファームの戦力を底上げする意識改革に選手とともに取り組んでいきたいと考えています。

## 【2016年シーズン終了後の後日談】

糸井選手はその後、阪神への入団が決まりました。ベテラン選手たちはいつでも、若い選手たちの精神的な支柱となるばかりではなく、プロとしての生き方を背中で見せる、ロールモデルでもあります。阪神にとって糸井選手の加入は、単純に戦力である以上に、特に若手にとっての刺激、見本になっていくことでしょう。

若い選手の意識の底上げを考えたとき、僕たち指導する側があれこれ言うよりも効果的なのは、やはり尊敬できるベテラン選手を身近に見ることです。２０１６年のシーズンでは、ケガのリハビリのために一時期ファームに身を置いていた、小谷野栄一《こやのえいいち》選手と中島宏之《なかじまひろゆき》選手の存在が、若手にとってずいぶん大きな意味を持っていたと思います。

小谷野選手は細やかな気配りのできる選手で、チームのことをよく考え、自らの身体をケアすることにも長《た》けています。いかにしてプロの身体を作り、維持し、さらに高めるか、という意識を高く持っているので、たとえ二軍の試合であっても誰よりも早く球場入りして身体の手入れをしたり、打ち込みを行ったりするのです。穏やかな人柄で、自分のやり方を後輩に強要したりはしないのですが、スタープレーヤーである彼がこれだけの努力をしているのですから、彼より遅く球場入りした二軍選手の気持ちは推して知るべしでしょう。まさに背中で語る男、小谷野栄一。おかげで刺激を受けた若手の球場入りが早くなりました。若手が小谷野選手に合流して、一緒に打たせてもらっている姿は、見ていて微笑ましいものがありました。

中島選手は、自分をきちんと持っていて、絶対にそれを崩しません。自分のリズムがありますから、たとえ全体練習が終わっても、自分にとって何か不足があれば、黙々と追加の練習をこなします。もし「やらされている感」を持って練習をしている若い選手がいたならば（いないと信じたいのですが……）、中島選手の「自分の納得を追求する」姿に感じるものがきっとあったことでしょう。

中島選手はどんなに暑い、いやもう、クソ暑いとしか言いようのない日でも、平気な顔をしてゲームに出ていきます。こちらは「福良さんからお預かりしている大事なスター選手」ですから、「大丈夫か？　暑いし、もうベンチに戻ってもええんやで」と声をかけるのですが、「あ、僕平気でーす」と涼しい顔を見せる。サボろうとか、ちょっとでも楽をしようとか、二軍だから適当にやっておこう、などという意識がまるでないのです。おかげで若手は「暑い」「しんどい」などとは絶対に口に出せなくなりました。ええこっちゃ！

どんな選手もアマチュアからプロになると、そのレベルの違いに愕然《がくぜん》とします。アマチュアが短いトーナメントで見せる「己の人生でベスト」の状態を、シーズン中ずっとキープするのがプロの世界。ベテランはそれを何十年もやってのけているのですから、いかに体力・気力ともに圧倒的であるかがわかるのです。僕の持論では、たとえシーズンオフであっても、「いま、試合するぞ！」と言われた瞬間に、ベストの状態を見せられるのがプロ。引退するまでは、オン・オフ関係なく、３６５日心と身体を整え続けていられるのがプロなのだと思うのです。

プロで居続けるのは厳しく苦しいものです。好きなことを仕事にしているのだから、と言うのは簡単ですが、いざその立場に身を置くと、想像以上のきつさがあります。「どんなにきつい練習でもうれしい」と思えるドM要素があり、かつ、「弱い自分をガンガン追い込むのが楽しい」などと思えるドS要素の双方を併せ持つ人が、もっともプロとして成功しやすいのではないでしょうか。

## 2016年12月

### 最後まで貫こう ここがレギュラーへの分かれ道

春季キャンプが始まるまでの自主トレーニング期間は、選手にとって技術的な土台を作り直す絶好のチャンスでもあります。シーズン中は本格的に着手できない打撃改造などに取り組むうえで、肝心なのは我慢です。「この方法で正しいんだろうか」と不安や焦燥感に駆られても、一度やると決めた道を曲げずに貫き通せば、トンネルの先に光が見えてくるものです。

### 糸井移籍で外野のレギュラー枠に空き

このオフ、主力だった糸井嘉男外野手が、国内フリーエージェント宣言をして阪神へと移籍しました。実績十分の糸井選手がチームから去ったことは、戦力面での影響が大きいのは確かです。しかし、良い方向に考えれば、いまのチームにとってもっとも欠けている選手間の激しい競争をもたらしてくれるメリットもあります。外野のレギュラー枠が空いたことによって、若手や中堅が目の前に転がっているポジションを先を争って奪いにいくことを期待しているのです。

　奮起して殻を破ってもらわなければならない選手のひとりが、来季で7年目を迎える駿太《しゅんた》外野手です。高卒ルーキーだった2011年に開幕スタメンを勝ち取ったほどの野球センスの持ち主ですが、ここ数年は打撃面で伸び悩み、レギュラー定着が期待された今季も打率1割9分2厘と不本意な成績に終わりました。レギュラーシーズンが終わってからは、打撃力向上のためのスイング改良に取り組んでいます。

　左打者である駿太選手のスイングは極端に言えば、バットのヘッドが三塁側から一塁側のほうへグルッと遠回りしながら出てきます。外から内へひっかくような癖があるために打球にうまく力が伝わらず、中堅から左翼方向へかけては強い当たりがなかなか飛びません。沈む変化球を投じられれば、一塁ゴロになってしまう確率が非常に高いスイングです。それを直すために秋からの練習では、球に対してバットのヘッドを最短距離で直線的に出していくことに徹底的に取り組みました。

## ひとつのことをやり通せるかどうか

　改良を施《ほどこ》したスイングで実戦の打席にも立ち、鋭い当たりやこれまでとは質の違う打球も飛ぶようになってきているので、本人もいまはある程度の手応えを感じているはずです。ですが、ここで難しいのは飛躍的な改善を感じられなくなったときに、ひとつのことをやり通すことができるかどうかということです。

理想のスイングだと頭では理解していても身体でうまく実践できないとき、求めているような結果がすぐに伴わないときはどうしても、イライラしたり不安になったりして、辛抱できずにせっかく始めた新しい試みをやめてしまいがちです。「これで合っているんだろうか？」と迷って、また違う方向に進みたくなるものです。

ですが、ここが我慢のしどころです。駿太選手の場合、入団からずっと打撃の試行錯誤を続けてきて「これをやっておけば間違いない。安心だ」という自分の核となるものをまだ見つけられていない。複数のコーチ陣で見て、明らかにスイングが良くなる方向に進んでいるわけですから、ここは声を大にして「結果なんてすぐには出ない。信じてやり続けてみよう」と言いたいのです。

## オフは技術を成熟させるための期間

春季キャンプが始まるまでの12月、1月の自主トレーニングの期間、選手たちは監督やコーチの指導を受けることはできず、課題に対して自分ひとりで向き合っていかなければなりません。投手の生きた球を打つ機会に恵まれず、感触をつかみづらいマシン相手の打ち込みでは、弱気の虫が顔をのぞかせることもあるでしょう。習得しようとしている技術を成熟させるための大事なオフの間、いかに気持ちを切らさず、自身の目指す方向性を最後まで貫き通せるか。それが、彼が来季、レギュラーを取れるかどうかのカギを握っている部分だと言えるでしょう。

駿太選手は俊足で守備範囲が広く、強肩が武器でもあるだけに、課題のバットで2割6分から2割7分の打率を残せれば、十分に中堅手のレギュラーを任せられる人材です。糸井選手の抜けた来季を勝負の年と見据えて、川端崇義《かわばたたかよし》選手や宮﨑祐樹《みやざきゆうき》選手といった中堅どころの外野手も猛アピールをすることでしょう。チームが上位に進出するためにも、若手、中堅を巻き込んだ激しい定位置争いが繰り広げられることが理想です。来年2月1日のキャンプインと同時に、選手たちには「こいつら、今年は違うぞ」という姿を示してもらいたいと思っています。

## 【2016年シーズン終了後の後日談】

2017年2月現在、糸井選手の抜けた穴を誰が埋めるのか？　という明確な答えは出ていません。となれば、外野手の誰しもに、チャンスはあるわけです。

ところで、どのチームにも伝統的な教育というものがあるのでしょうが、オリックスにも受け継がれ続けていることがあります。そのひとつが外野守備の技術で、僕の知る限り、阪急の名外野手で、二軍監督も務められた故・中田昌弘《なかたよしひろ》さんが「世界の福本」こと、盗塁王の福本豊《ふくもとゆたか》さんに教え、それが「フェンス登りホームランキャッチ」でアメリカの野球殿堂にも入っている山森雅文《やまもりまさふみ》さんに伝えられ、僕らがそのあとを受け継ぎました。「いかにボールに対して無駄なく速く到達するか」という構え方や1歩目の踏み出し方は、阪急からオリックス・ブレーブスへ、その後ブルーウェーブ、そしてバファローズへとチームが名称を変えても、外野手に引き継がれてきた技術なのです。

かつて日本一となったオリックスの外野を野球ファンが「鉄壁」と呼んでくれた背景には、世代を超えて引き継がれてきた確かな教えがありました。僕らはこれを守っていく責任があるし、次の世代の外野手には、移籍した選手の穴埋め、という意識ではなく、伝統の後継者たる自覚を持ってもらいたいものです。

# 第五章　二軍監督という仕事

## 始まりは、1本の電話から

それは、２０１５年のシーズンも終盤を迎えた頃、当時の球団本部長だった瀬戸山隆三《せとやまりゅうぞう》さんからの1本の電話で始まりました。お互いの近況やチームの状況などを世間話のように語り合ったあとのことです。翌シーズンの構想についての会話の中で、瀬戸山さんが不意にこうおっしゃいました。

「(来季の)二軍監督で考えている」

その瞬間、僕の頭の中がぐるぐると、目まぐるしく動き出したのです。

まず、最初に出たのがこれ。

「一軍監督は誰やろう」

「俺は勝てるチームに貢献できるんやろうか、何ができるやろうか」

が次。そして、

「生活環境が、どんなふうに変わっていくんやろう」

オリックスで10年、アメリカで8年、帰国してさらにオリックスで2年。20年の現役生活を引退したのち、ＮＨＫの解説者としてようやく放送の仕事にも慣れてきた頃のことでした。それまでも毎年のように、身に余るお話をいただいていましたが、外の世界を経験したいというわがままを聞き入れてもらい続けて3年。一軍監督が福良さん、ということが決定打となって、僕の気持ちは大きく傾きました。

すぐには返事ができない重要な話だけに、まずはとにかく、当の福良さんに電話です。

「そろそろ（ユニフォームを）着なアカンやろ」

「そろそろあのメンバーも、なんとかせなアカンやろ」

福良さんは、そう僕に言ってくださいました。

「あのメンバー」とは、1995年、1996年を戦ったブルーウェーブ時代のメンバーのことです。阪神・淡路大震災の年を被災者のファンとともに戦い、日本一に上り詰めた、あのときのメンバーです。近年、苦しい状態が続いているオリックスですが、**再び野球界の高みに戻らなければなりません。チーム再建のためには、そのメンバーの協力も不可欠、**と言ってくださったのです。福良さんの「そのために一緒にやろう」という言葉に、「ハイ」と言わない理由はもう、ひとつもありませんでした。

## 憧れの球団

福良さんは僕より9歳年上。僕が入団した頃は、押しも押されもせぬ名セカンドで、連続守備機会無失策の日本記録を打ち立てるなどの活躍をされていました。いまでこそパ・リーグのテレビ中継が増え、スター選手の知名度も上がっていますが、当時はパ・リーグの選手はあまり世間に認知されておらず、人気があってテレビ中継も多いセ・リーグを羨望《せんぼう》のまなざしで見つめつつ、「けれど実力なら、俺たちのほうが圧倒的に上や！」とひがみながら息巻いていた時代でした。

当時のパ・リーグには職人気質《かたぎ》の個性的な面々が揃っていました。オリックスの前身である阪急ブレーブスなどはまさにその典型で、黄金時代を築いた先輩方一人ひとりの強烈なキャラクターや、パンチパーマに代表されるルックスのインパクトに、新人の僕は圧倒されるばかりでした。数年後、白のスーツに白のエナメル靴という仰木監督を見て、もっと驚かされることになるのですが……。

とにかく強かった阪急ブレーブス。僕は「西宮スタジアム」という球場の看板が家から見える場所で少年時代を過ごし、聞こえてくる歓声や照明灯の明かりに心を躍らせ、何度も足を運んでは、職人たちのプロの技を堪能しながら成長しました。

その憧れの象徴であった西宮スタジアムのグラウンドにはじめて立ったのは大学生の頃でした。すでに阪急は身売りをしたあとで、ロッカールームなどもがら空きでしたが、「ここにあの選手たちがいたんや」という感動に、胸が震えたものです。いまはもう、その球場自体が取り壊されて大きなショッピングモールとなりましたが、**あの頃の阪急の選手たちの姿は、僕の**

**野球人生に何よりもの影響を与えていた**のです。

その憧れの人たちが目の前にいる！　新人にとってこれ以上緊張することはありません。オリックスに入団した直後の僕は、先輩方とともに練習をし、話をさせていただくたびに、少年時代に戻ったような気持ちでした。先輩たちは大きく厳しく恐ろしく、そして豪快なのにとても細やかでした。

当時について思い出すのは、サインの細かさに苦労したことです。

とにかくサインが複雑にして多数。とても覚え切れるようなものではなく、攻撃のサイン、守備のサイン、バッテリー間のサインはさらに複雑怪奇。内野手で入団した新人がぶつかる最初の壁のように思えました。

聞けば、阪急時代はその比ではないほど複雑だったとのこと。そんなサインを、**すでにおっさんとも思えるような年配の、いつも飲んだくれているような方々が、いざ試合となったら平気な顔で難なく理解し、チームとして息の合った動きを見せる**のです。普段は個々に好き勝手な行動を取り、我も強く、バラバラに見えるのですが、いざ試合となったら怖いほどまとまって、勝つことへの執念を全員で燃やす。表向きの派手さはまったくないのに、職人が一致団結したときのその迫力、体力、気力。そして頭脳。「この人らはこれほどすごいプロなんや」「これが阪急の強さなんや」と尊敬と畏怖の気持ちが湧き上がったものです。

もっとも、当時の先輩たちは、いまにして思えば30歳前後だったわけで、現在の僕から見たらめちゃくちゃ若いのです。けれどなぜかあの頃のパ・リーグの選手は、誰もがとてつもなくおっさんに見えました……。

## 懐の深さと笑顔が魅力的な福良監督

その中にあって、福良さんもまた「年配に見えがち」な先輩のひとりでした。しかし、外も中もこわもての先輩が多い中で、**福良さんは見た目と中身とのギャップが大変著しい人**でした。

先に紹介したエピソードにあるように、僕のミスで福良さんのヒットを1本損させてしまったときも、平身低頭で謝る僕に、

「あー、大丈夫やでー」

と涼しい顔でひと言。そのひと言にどれほど救われたかわかりません。

福良さんはどんな人ですか、と聞かれたら、僕は間違いなく最初に、

「すべて笑って許してくれる人」

と答えるでしょう。甘いのではないのです。懐が深いのです。とにかく現役時代から、焦ったり、いらだったり、怒ったりしている姿を見たことがありません。テレビなどでご覧になるイメージからは想像もつかないでしょうが、とにかくよく笑う人でもあります。今度中継をご

覧になるときは、ベンチでの表情をじーっと注意深くチェックしてみてください。「えっ、この人こんなふうに笑うの?」というほど、子供のように無邪気な笑顔を見せる福良さんがいるはずです。今季は「怒り」の報道が早くも何度か見られますが、福良さんが怒るということは、それは相当な事態なのです。怒られた選手は単に「あー怒られちゃった」ではなく、自分が大変な状況に置かれているということを強く認識しなければなりません。

また、先輩として感謝しているたくさんのことの中で、僕に影響を与えてくれたのは、「理論だてた叱り方」です。感情に任せてものを言うのではなく、**要因があって結果がある、という筋道を立てて、相手が納得するように、**淡々と話してくれます。説教であっても押しつけがましくなく、声を荒らげることもありません。

この「理論だて」は福良さんの野球観にも表れていて、**ひとつひとつの作戦には必ずなんらかの理由づけがある**のです。そして、万が一それがうまくいかなかったとしても、**言い訳をせず、監督としてすべてを受け止める肝の太さがある**のです。涼しい顔で大きな勝負をする男。このあたりに僕は、福良さんの中にいまもなお生き続ける「阪急ブレーブス」の姿を見るような気がしています。

ちなみに僕の恩師である故・仰木監督は「猫の目打線」などと呼ばれたようにオーダーを頻繁に変えたり、あたかも勘に頼った作戦を取っていたように思われがちですが、実際は「どれだけ調べとんねん！」というほど細かくデータを分析して選手を起用していたので、ついでにここに記しておきます。

あと、**福良さんの好物は、現役時代から変わっていなければ、アーモンドチョコと魚肉ソーセージです。**庶民的な監督の姿が垣間《かいま》見《み》えるエピソードですので、これもついでにここに記しておきます。

## 溜め込みすぎた監督1年目

さて、二軍監督を拝命した僕は、しばらくの間——といってもおそらく数日の間、家のソファに座り込んでじーっと宙を見つめていました。手もちぶさたなので、4匹いるうちの、一番近くに来た犬を抱っこして、じーっとしていたのです。その姿は、鬼気迫るようでもあり、家族からしたら大変不気味なものだったそうです。

「どうなっちゃうんやろう……」

どれほど想像しても、指導者経験のない僕には、自分が二軍監督としてグラウンドにいる姿が浮かびません。そのうち、考えることに疲れてきました。

「わからん！　やってみなわからん！」

経験したことのないあれこれを不安に思っても、なんの解決にもなりません。だから、**ひと**

**つひとつはぶつかったときに考える。悩まないようにする――！**　そう決意してシーズンに臨んだ僕でしたが、結局考えすぎていろいろ溜《た》め込んだためか、夏頃に体調を崩して欠場するという失態を演じてしまいました。簡単に言えば脳梗塞の一歩手前のような状態だったのです。プレッシャーを溜め込みすぎたり、一時的に水分が不足していたりすると発症してしまうようで、コーチたちにどれだけの心配や迷惑をかけたかわかりません。全体を預かる立場になると、ついつい自分のことをあと回しにしがちですが、**まずは己の体調管理から、という意識を強く持つようになった**のも大きな収穫となりました。

## オルティスの言葉

監督として最初にやった一番大事な仕事は、就任決定直後の、秋のキャンプでの挨拶でした。自分がどんな野球を目指し、選手に何を期待するのか。それを明確にわかってもらいたくて、僕は昨年（２０１６年）までレッドソックスなどで、おもにＤＨとして活躍したスーパースター、デビッド・オルティスの言葉を引用することにしました。

５年連続30本塁打での本塁打王や打点王、ワールドシリーズの優勝など、書けばきりがないほどの栄冠と巨万の年俸を得てもなお、彼の野球に対する謙虚で真摯《しんし》な姿勢は変わりませんでした。僕も現役時代、球場で顔を合わせると立ち話をさせてもらい、おおらかな優しい人柄に感銘を受けたものです。当時3歳くらいだった息子の寛《かん》にいたっては、レッドソックスがカージナルスの本拠地にやってきた際、オルティスやマニー・ラミレスに遊んでもらっており、僕はそれを横目で見ながら、鼻血が出るほどうらやましかったのを覚えています。

野球人生も頂点を極め、いつ野球をやめても何ひとつ困らないほどの富を得て、手を抜こうがサボろうが、誰も何も言えないほどの立場にいた彼が、それでもなお、「いまこの瞬間」を大切にしていることを知ったのは、僕が解説者となり、アメリカでワールドシリーズの取材をしていたときでした。現地の新聞記事にあった彼の言葉は、僕をうならせました。

「いまやらないで、いつやるんだ」

実力もあったでしょう。しかし、運もあったでしょう。家族をはじめ、関係者など、出会いや人に恵まれもしたでしょう。そのおかげでプロ野球選手になれた自分がそこにある。

しかし、**プロ選手になることは、ゴールではありません。プロ選手であり続けることこそが、目指すべきことのひとつ**なのです。しかし、日々のルーティーンの中でいつしか、自分を刺激できず、なんとなく日々を過ごしてしまうことの残念さを、オルティス選手は、たとえばワールドシリーズの最中に、こう表現しました。

「いまあるこの目の前の現実（ワールドシリーズに出場している自分）が、当たり前にあるものだと思うな」

やっとつかみ取った「プロ野球選手」という立場は、結果次第では泡のように消えてしまうはかないものです。いつでも、いつまでも、当然のように目の前にあり続けるものではありません。

だからいま、**その現実に感謝して、いましかできないことをちゃんとやるんだ**。

このオルティスの言葉が、果たして何人の選手に届いたことでしょう。僕の心に響いたように、若い選手たちの心の片隅にも、オルティスの姿勢が根づいていることを願うばかりです。

## ど根性世代の監督

僕は昭和44年生まれ。スポーツシーンでは「ど根性主義」から「合理主義」へと移行する世代です。それまで一般的な下半身のトレーニング法とされ、マンガ『巨人の星』のワンシーンにも使われていた「うさぎ跳び」が実は膝を痛めやすいと知ったのは、ずっとあとになってからのことでした。

根性をつけるために水は飲まない、というのもありました。とある野球の強豪校ではその昔、水を飲ませないために蛇口が針金で縛りつけられていたといいます。現代では、考えられないことです。そんな無茶なしごきも、「水分補給をしなければ熱中症になる」という科学的かつ当然の理由で消えていきました。

「元気があればなんでもできる！」と言ったのはアントニオ猪木《いのき》さんです。当時のスポーツ界は、「根性さえあればなんでもできる！」というど根性至上主義の時代で、**指導する側も、生徒も、根性がすべてを左右するという意識**を強く持っていました。だからこそ僕らと同世代の野球人の多くは、理不尽なしごきに耐え、脱水症状でふらついた試練の日々を乗り越えた、というプライドを持って生きてきたのです。

もっとも僕は、クラブチームに入っていたわけでもなく、小・中学校と、ごく平凡な学校の部活動で野球をやってきました。高校は、甲子園が見える場所にあるのに甲子園に遠いという公立校で、顧問の先生の専門は器械体操。大学に入っても、そこまでおどろおどろしいしごきや根性試しを経験しないままプロ入りしたのです。

しかし、同期をはじめ、歳の近い選手のほぼすべては、「もう二度と戻りたくない」と口を揃えるほどに厳しい学生時代を送ってきました。だから一応僕も、恥ずかしながらど根性世代の末席に加えさせていただきます。

プロに入ってからも、スポーツ界のど根性至上体質は変わりませんでした。なにしろ僕より年上の先輩はみな、さらに厳しいスポ根世代です。プロ入り当時、パ・リーグの先輩たちは見た目もいかつい人ばかり。誰もかれもが高倉健か菅原文太《すがわらぶんた》か、という雰囲気で、僕の背筋は緊張のあまり凍るばかりでした。

先輩たちのすごみは、見た目だけではありません。言葉や態度での圧迫は当たり前。技術は教えてもらうものではなく盗むもの、という常識のもとに、「おまえはアホか」「ええかげんにせえ」「やめてまえ」「へたくそめ」「プロをなめんな」……などとののしられつつも、**くじけずにひたすら先輩に張りついて、「プロのなんたるか」を学ぶのが日々の課題**でした。

たとえば新人時代の僕は、酒をそこまで好まないにもかかわらず、飲みに行く先輩のあとをくっついてまわり、「飲め」と言われて素直に飲んで、バッティングや守備のコツを教えてもらおうと必死でした。先輩も、ストーカーのように食らいついていればいつかはわかってくださるもので、「しゃあないなあ、じゃあ、ちょっと来いや」と席に加えてくださり、ときには飲んでいたスナックやバーのテーブルを全部店の端《はし》によけさせて、フロアで自ら身振り手振りで技術指導をしてくださいました。お店の女性たちは、あきれて見ているばかりです。そんな即席野球教室がときには朝方まで続き、最後は一心不乱に野球について語り合ったものでした。

昔の野球選手のイメージというと、とかくお酒がらみの豪快なエピソードが際立ちます。しかし実際のところ、**試合を離れても野球からは離れられない選手が多く、先輩たちはオン・オフの区別なく、常に野球を念頭に置いて生きていた**気がします。そんな先輩たちと僕ら後輩とのつながりが、密で熱い時代でした。

## 時代によって変わるのはプロ野球界も同じ

ここまでの話からすれば、自分たちの時代の良さばかりを強調して、「いまどきの若い奴は……」「根性主義を経験していない奴は……」という、ど根性主義礼賛者のように思われるかもしれません。が、僕が言いたいのはそんなことではないのです。

僕らと同年代の運動部員はおそらく、そういった理不尽さを味わった最後の世代でしょう。指導者や先輩に対する答えは「ハイ」しか許されず、どう考えても納得できないことでも従わなければならなかった時代の終焉のあたりです。

果たしてそれが正解だったのかと問われれば、答えはノーでしょう。少なくとも、学校における部活動は、試合での勝ち負けもさることながら、そこに至るまでにどんな努力をしたかであったり、チームで一丸となる協調性であったり、精神的な成長を得るための場、というのが第一義なはずです。

しかし、**プロの目的はあくまでも優勝**あるのみ。もちろん、そこに至る過程においての個人成績も楽しみのひとつではありますが、最終目的は必ず「優勝」につながっていると思います。

その中で、「厳しい上下関係や統制によって考える隙も与えず機械のように選手をコントロールする」指導者もいれば、それを否定するむきもあります。そしていま、勝つことにこだわらなければならないプロの世界においても、**明らかに根性主義、理不尽指導の押しつけだけで**

**は選手が動かない時代**が来ています。昔成功した方法が、いま通用するとは限らない。昔の理論や技術が、いま通用するとは限らないのです。

だいたい、僕らの世代といまの選手たちでは、体格からして違います。現役当時177センチ、77キロだった僕は、あるとき「日本のプロ野球選手の平均値ドンピシャ」だったことがありました。しかし2016年現在、たとえばオリックスの一軍選手の平均身長は、180・3センチ、83・6キロです。その名の通り、12球団で一番大きな巨人軍の選手の平均は、182センチを超えています。会話をするときに、僕が斜め上を見上げなければならないほどでかいのです。この時点で、身体の使い方なども微妙に違ってくるでしょうし、「ゆとり教育」などのシステムを経験してきた選手たちとは、精神的にも違いがあって然るべきでしょう。

オリックスの二軍監督となって1年が過ぎました。まさに始まったばかりの指導者人生において、1年目の僕が課題に挙げたことのひとつは、自分の理想や理論を選手に押しつけるのではなく、いかに時代に合わせて指導者側が変化していくか、というものでした。

## 「新人類」と「ゆとりど真ん中」世代のギャップ

僕らの世代も、かつては「新人類」と呼ばれました。その新人類をもってしても理解しがたい感性が、現在20代の半ばくらいまでの選手にはあるのです。この世代間のギャップは埋めがたく、かといってこちらの常識を押しつけることもできません。その中で**いかに彼らのやる気とポテンシャルを引き出し、指導していく**か。野球そのものを語る以前に、まるで未知との遭遇をしてしまった宇宙飛行士のような気持ちになりました。

以前、会社勤めの知人が、こんな話をしてくれたことがあります。

「新人連れて出張に行ったんやけど、現地で仕事が終わったら、その子が消えてなあ。『ここからはプライベートなんで、この町にいる友達と約束がありますから』って。びっくりしたわー」

いまどきの若者がこれを聞いたら「はて、何がおかしいのか」といぶかしがるかもしれません。一方で僕ら世代より上ならば、「なんだその新人は。あり得ない」とあきれ返るでしょう。

僕の知人は、社会人になってはじめて出張を経験した新人を飲みに連れていき、彼をねぎらいつつ、仕事のあれこれについての会話に花を咲かせる、という流れが上司として当然の役割と思っていたのです。僕は彼の落胆がよく理解できます。

現在のオリックスでも、たとえば遠征先で、若い者同士で食事に行くことはあっても、先輩とどこかに出かけるということはほとんど聞きません。さらには、

「良かれと思ってメシに誘ったんですけど、断られちゃいましたよ」

と、あるコーチがぼやいていたこともありました。

我々の感覚からしたら、説教のために連れ出されるならまだしも、先輩にごちそうになりながら野球を学べるのですから、そんなおいしいことはないはずなのですが、いまの若手選手にとっては、「毎日一緒にいるチームの人と、なんでプライベートまで一緒にいなくちゃいけないの？」という気持ちが先に立つのでしょう。

僕らの世代と違うと感じる一番のポイントは、こういった**「オン」と「オフ」の区別がはっきりしていること**です。上司や先輩と一緒ならば、たとえそれが飲みの席でも、仕事は続いている、それが当たり前、と思えるのは僕ら世代までで、「ハイ、仕事終わり！　ここからプライベート！」というきっちりした意識が彼らにはあるのです。

ですから、先輩やコーチの誘いを平然と断ることのできる感覚に、びっくりはしても否定はできません。ここで「おまえらわからん」もしくは「おまえら変や」と突き放してしまったら、若手の指導者は務まらないでしょう。別に彼らが変なわけではないのです。迎合《げいごう》せずとも、**いかに彼らの思考を理解し、受け止め、盛り上げていくか。それは野球というツールを超えたミッションです。**

世代の違いは文化の、意識の違い。どちらがいい、悪いではなく、単に「違う」だけ。それは、かつてアメリカに渡り、アメリカの文化や風習の中に相容《あいい》れないものを感じても、腹を立てるだけ損だと悟ったときの感覚に似ています。丸ごと受け入れるしかないのです。さもなくば、共存は望めません。ただ、理性ではそう思っていても、この1年、こういったギャップを目の当たりにするたびに、毎日のようにギョッとしてしまっていたのは確かなのです……。

## とにかくおとなしい若手選手たち

先輩やコーチからの誘いを断るということからも垣間見えますが、**いまどきの若い野球選手は、いい意味でも悪い意味でも無欲**です。選手個々によって差はありますが、たいていは「そこそこできていればいい」という安全志向の持ち主で、ガツガツとそれ以上を追求したり、高望みをすることもありません。ビッグマウスはめったに見当たらず、一様におとなしく、感情を高ぶらせることもなく、いつでもうっすらと笑みを浮かべたままで、自己主張をしない、という印象を強く受けます。

かつては「豪快な」と評されたパ・リーグの選手たちも、いまではおとなしく、無茶もせず、お酒も飲まず飲まれず、淡々として見えます。それが悪いわけではないとわかっていても、なんだか寂しく思えるのは、僕が仰木監督やチームの先輩方など、猛者《もさ》たちのパ・リーグ根性をつぶさに見ながら育ったからかもしれません。

かといって、若い選手が遠征先で門限を破って夜遊びなんかしたら、たぶん僕はめちゃくちゃ怒るはずです。豪快さを求めつつも、球場外で豪快にされると困ってしまう、指導者としてのジレンマに身もだえしてしまいます。

いま二軍にいる選手の多くも、何かをつかみ取ろう、という必死さに欠けて見えるときがあります。「俺はやってるぜ！」「見てくれ！」「蹴落としたる！」という部分はほぼ見当たらず、大変穏やかで聞き分けよくおとなしい。言葉を換えれば物足りないほどいい子です。しかし監督の立場からすれば、**ガッツが表に丸出しになっているタイプ**を好んで使いたくなるのです。

昔、ある人口の多い国から来た人があまりに大声で話すものですから、「なぜそんなに大きな声を出すん？　すぐそばにいるんだから聞こえてるでー」と言ったところ、「人で溢れ返っている自分の国では、ほかの人より大きな声でどんどん前に出なければ、誰にも気づいてもらえないし、話も聞いてもらえないの！」と返され、唖然《あぜん》としたことがありました。

ある意味、野球でも同じことが言えます。「僕はここにいますよ……」とお声がかかるのを静かに待っていたところで、「俺！　俺！　俺を使ってくださいっ！」と前に出てくる選手がいれば、監督やコーチの目は、どうしてもそちらに向いてしまいます。我々からすれば、**それだけぐいぐいしたガッツがあれば、「もしかして何かしてくれるんじゃないか」という期待**も生まれてくるのです。両者の力が同じくらいであれば、間違いなく僕は後者を選ぶでしょう。

ガッツが表に出ているかどうかは「声が出ているかどうか」にリンクします。おそらくはアマチュア時代、喉から血が出るほど声出しをさせられてきたはずの若い選手たちも、二軍のベンチでは非常におとなしく、静かです。

やる気の有無を、単に「額に汗している」ことでは判断できません。心の内で静かに燃えている場合が多々あるからです。

しかし、こと野球というスポーツにおいては、表向きにうるさく燃えてほしいのです。自分だけが燃えるのではなく、**周りを巻き込むような大きな声で、場を盛り上げる必要がある**のです。

野球少年の頃から、「声を出せ」と言われたから出していた、という選手も多いことでしょう。しかし、なぜ声を出さなければならないのか、という理由は説明されてきたでしょうか？声の必要性はプロもアマも変わりません。声ほど強いメッセージ性を持つものはなく、相手に何かを伝えるために、これほど効果的な武器はないからです。

おそらくいま二軍にいる選手たちは、声の重要性を感じていないような気がします。「ほら、おまえら盛り上げんか！」「声出せよ！」と言っても、騒いでいるのはコーチ・監督だけで、ほかは静かに座っている、といった場面がシーズン中何度も見られました。

たとえばバッターボックスに立ったとき、静まり返ったスタンドを目の当たりにしながらプレーするのと、声援飛び交う球場でプレーするのとでは、明らかに自分のモチベーションが違うことぐらい、よく考えればわかるはずなのです。阪神・淡路大震災の年に、神戸を本拠地とするオリックスが優勝できたのも、**スタンドからの声の力によって、持っているもの以上のパフォーマンスが出せたから**だと、僕はいまでも信じています。そんな空気を自分たちがチーム内で作らなければならないと気づき、本当に必要だから声を出すのだと選手たちが納得するまで、じっくり話し合っていくつもりでいます。

## 選手を納得させるのも監督の仕事

ガツガツとした姿を人に見せることを好まず、感情をむき出しにしたり、喜怒哀楽を強烈に表現したりすることが苦手ないまどきの選手たち。僕やほかのコーチにも、多少の敬意さえ忘れずにいたならば、自分の思うところを率直に話してくれてええのになと思う一方で、求めるばかりではなく、**いかに彼らが「感情を出せる」状況を作るかを考え続けた1年**でした。

彼らの世代の特徴に、「イエス・ノーがはっきりしない」ということがあります。ハイでもなければイイエでもなく、半分笑ったようなあいまいな顔をしてみせる。なぜこのようなことになるかというと、とかく争いを好まない彼らが、敵を作るまいとする保身の表れなのかもしれない、と僕は勝手に思っています。こちらからすれば、「イエスかノーか、ハイかイイエか、はっきり言わんか！」となりがちですが、そこは我慢。彼らの**本音を引き出すためには、時間が必要**なのです。

言葉遣いにも驚かされます。一応僕は監督、彼らは選手。しかしどれだけ敬語らしきものを使おうとしても、結果返事は「そうっすねー」で始まり、語尾は「したっす」です。

「おまえは、俺の友達か！」と、毎度突っ込みを入れてしまう僕。照れ笑いする彼らに悪意がないのは百も承知ですから、もしこれに腹を立ててしまったら、何も始まらないとつくづく思うのです。

実際、僕自身は腹も立たないし、単に「ホンマおもろいなこいつらはー」と笑うばかりですが、世の中には僕と同じように面白がってくれる人だけがいるのではありません。野球少年を育てているご家庭のみなさまは、プロ入り前にお子様の敬語の遣い方をご確認くださいますようくれぐれもお願いいたします。

ともかく、そんな小さなひとつひとつの違和感に対し、朗々と演説をして、もしくは説教をして彼らを変える必要はないのです。僕はそのままの彼らを受け入れて、一軍に送り出したいと思っているし、むしろ**対応するために変わるべき、策を練るべきは僕自身であり、これからの指導者である**と考えています。歩み寄れる側が歩み寄ればええやん、という感覚です。そこにプライドや見栄や権力を振りかざしたところで、なんの意味があるでしょう。

いまどき世代が納得できないことのひとつが、先に述べた昔気質の体育会系の理不尽さです。たとえば練習方法ひとつにしても、「AでBだからCである」という理路整然とした理屈がない限り、彼らは動きません。

「AかBかあ？　知らんわそんなもん！　なんでもええんじゃ、やらんかい！」ではダメなのです。「俺の時代はこうだった」といくら述べたところで、いまは俺の時代ではないのですから、理解しろというのが無理な話です。

たとえ「AがBだからCである」とその理由を知ったところで、納得できなければその通りに行動しないのがいまの若手です。上に立つ人間からすると、相手をその気にさせるために、あれこれ知恵を絞らなければなりません。

なぜAなのか。そしてなぜ次がBなのか。結果Cになったのはなぜか。……ああ、説明が面倒くさい。しかし己の面倒くささを我慢しても、相手を納得させることが指導者には求められるのだと思い知らされました。

けれど面白いもので、**誰かに説明するということは、自分の中にある理論を確認することに**もつながります。誰かに勉強を教えるためには、自分がきっちりわかっていなければダメ、というのにも似ています。説明をしなくていいなら、それほど楽なことはないのですが。

一般企業の方々の話を聞いていると、就職難の時代にあって、体育会系出身の人材が就職にあたって有利と言われているようですが、それは、こうした「使う側（ど根性世代）」の理論がまかり通る場合が多いからかもしれません。

バリバリの体育会系出身者であるはずのプロ野球選手ですら、いまどきは変わってきているのですから、一般企業であれば上司の困惑も推して知るべしです。僕と同じような思いをお持ちの同世代の方は、きっと多くいらっしゃることでしょう。

ただ、若い世代の彼らは彼らで、自分の身体や能力と向き合い、「どうすればより良くなれるか」ということを真剣に考えてはいるのだと思います。我々世代の、泥臭い努力や根性論ではなく、スマートに、泥臭さを見せないようにするのが彼らのやり方、というだけなのでしょう。であれば、目標は同じなわけですから、**結果に結びつくように、それぞれの世代の良さをすり合わせていくことが、これからのプロ野球界、ひいては日本社会の課題**なのかな、とも考えています。

## 「言われる側」に立ってみる

この1年、僕がその**世代間のギャップを埋めるためにやってきたのは、まず「指導者側の意見を一致させること」**です。船頭が多いと船が山に登ると言われるように、監督・コーチが個々にいいことを言っていたとしても、それぞれのやり方に微妙なズレがあれば、指導される側は戸惑うばかりです。「誰の言うことでも適当に聞いておけばいいや」と、要領よく対応できる選手ばかりではなく、助言を素直に聞く真面目な人間が多いのが我がチーム。どうにかしてすべての指導を取り入れようとして混乱し、成績を落としてしまいかねません。教える側がまず、同じ方向を向いていること。指導方針や方法をすり合わせて一致させること。各選手の性格を分析し、選手個々の性格に応じた教え方を心がけること。これが、教わる側を戸惑わせないための最低限のルールだと思っています。そのために始めたのが第一章でも紹介した「報告プリント」です。監督の僕自身が新人であるがために、まだ徹底できていない部分は多々ありますが、経験豊かなコーチ陣に支えられて、このルールは徐々に浸透しつつあります。

続いて心がけているのは、理論的な説明です。試合中は感情だけで「バーンといっとけ！」などと言ってしまうこともあるでしょうが、それだけに冷静にモノが考えられる練習中は、いかに**理路整然と説明をして、選手を納得させていくかが大事**なように思いました。「それくらいわかるやろう」という言いっぱなしではなく、「どうやったら理解してもらえるか」という歩み寄りは絶対条件です。

さらに大切だったのは、**相手が本当に理解しているかどうかの確認**です。とにかくその場を切り抜けるために、心底わかっていなくても、わかった顔をする選手もいるからです。これには、「その場から逃れたい」という意識ではなく、「せっかく教えてもらっているのに理解できないことが申し訳ない」という優しい気持ちがあるのです。これこそがいまの若い世代の優しさの表れでもあり、「いまのわかんないっす。もう1回言ってくださいよー」とは絶対ならない、図々しさが足りない部分でもあります。だからこそ、**彼らが本当に理解しているかどうかを確認することまでが、指導の一環**なのだと感じました。わからないのは、決して恥ずかしいことでも、情けないことでもない。教える側にも、「わからせるという努力」が必要で、互いに歩み寄ることが求められます。そこではじめて次に進めるのですから、時間はかかります。

なぜそこまでしてやらねばならぬのかと、理不尽世代を生きた人は考えがちですが、**自分たちが受けてきた指導法がそのまま通用するはずという思い込みを捨てなければ、時代に適応できない**ことは明らかです。

こうして書いていることすべてができているならば、僕はたいそうすごい指導者になれるのかもしれませんが、残念ながらこの1割も達成できていないのが現状です。しかし、少なくとも志を持って、大切な選手を託してくれた球団のためにも、歓喜の瞬間を待ち望んでいるファンのためにも、方向だけは見失うまいと思うばかりです。

## 叱り下手をどう克服するか

いまの若手の選手たちも、プロになる過程において、体育会系ならではの理不尽と向き合ってきているはずです。夜な夜な枕を涙で濡らしたはずなのです。しかしそこは世代の差。彼らが若いということは、指導者も若いわけで、彼らをしつけてきた親もまた若いのです。

ですから、叱り方ひとつにも気を遣います。特に関西弁でうわーっとものを言うと、関西圏ではない選手は動揺します。そうでなくても、声を荒らげて叱りつけると、多くの選手はしょぼーんと意気消沈して元気をなくしてしまうのです。

「えっ、そんな落ち込まんでもいいやん！」と焦るほど、見ていて気の毒になるほどの落胆ぶりです。僕は比較的怒鳴《どな》らないほうですが、悪役を買って出てくれているコーチが鬼に見えるほどの「叱られ効果」です。そこで「俺らの時代はこんな優しいものの言い方はされへんかったで！」とちらりとでも思ってしまったら、もう彼らとはやっていけません。

僕らが彼らを叱る目的は、「ストレス解消」でも、「八つ当たり」でもなく、「しでかしたことが非常にまずい。普通以上にまずいことを理解させる」ためであり、「それはすなわちチームに悪影響で、本人にとってマイナスでしかない」こと、さらに「それらを理解したうえで、1ランク上の選手に育ってほしいという思いを伝えたい」からなのです。

じゃあ声は荒らげんでもいいやろう、とおっしゃるでしょう。そう、試合がらみのカーッとなっているときこそ、言い回しや表現の仕方、声のトーンにはかなり気を遣います。

若手を叱るにあたってもっとも効果的と思ったのは、「頭ごなしにものを言わない」ことでした。なぜ叱られてしまうのかという理由を明確にして、すべてをそこからスタートさせないと、**最初の怒りの一声だけが相手の耳に残り、そのあとはもう「怯えるか」「むかつくか」で大事な話が頭に残らない**のです。

一方、とうとうと怒りの説教を続けているうちに、自分の言葉に酔いしれたり、もしくは止められなくなったりする経験をお持ちの方もいらっしゃるかもしれません。この場合、「叱った」「これだけ言えばわかるだろう」と思っているのは自分だけで、相手は「叱られた」「けど、なんで叱られたかよくわかんない」と思っていることが多々あります。

この1年を振り返ったとき、たとえばコーチたちがあえて憎まれ役を買って出てくれて、きつい叱り方をしたときには、僕は必要に応じて「ガス抜き役」をしていました。選手のしょぼくれ具合が頂点に達したときに、さりげなく「どうした?」「何があった?」と聞き役に回ることで、彼らの愚痴や不満を適度に発散させようという狙いです。ガス抜きをしなければ不平不満は反発に変わるだけで、せっかくあえて厳しい立場を取ってくれたコーチたちの努力も無になってしまいます。

徐々にではありますが、信頼関係が結ばれてくると、選手は「こんなふうに言われてしまって……」「ちょっとひどいです……」などと、不満を口にするようになります。それに対して僕は、

「そうかそうか、そんなことがあったんか。うーん、でもやらなしゃあないわなあ」

とフォローするのです。コーチを否定することは絶対にありませんが、とりあえず選手の思いのたけを口に出させる。それによって選手も、「ああ、少なくとも監督は僕がこんなふうに思っているって、わかってくれた」と少し心が落ち着くのです。漫才にも「突っ込みとボケ」という役割があるように、**叱ったからにはフォローが必要**なのは間違いのない事実です。

彼らだって、何をどう言われたところで、結局やらねばならないことは十分理解しているのです。だからこそ、**ほんの少しのガス抜きが、腐らずに前を向くエネルギーを生み出している**ような気がしました。コーチが叱れば僕が聞き役となり、僕がキレればコーチたちが励まし役となり、選手の気持ちを安定させるように努めているのです。

こうして考えると、二軍監督は子育てに似ています。我が家にも13歳の息子がおり、ヨメとは連日、同じレベルでの言い争いや取っ組み合いをしています。球場ではなるべく感情的にならぬようにしている僕も、家ではつい理性をなくしてかっとなり、怒鳴りつけることがしばしばです。

しかし、**強く言えば言うほど理解するだろう、もしくは理解しなければおかしい、というのはこちらの勝手な理屈**であって、**言われる側には言われる側の気持ちや言い分**があります。まして根性理論が通用しない世代にとって、感情だけでのぶつかり合いは腹が立つだけで、なんの生産性もありません。

それがわかっていても、人間ですから感情が先行してしまうのです。しかし、僕は親だから、監督だから、立場が上だから感情的になっても許されて、叱られる側の子供や選手には許されず、ただそれを丸呑みにしなければいけない、という姿勢でいては、表面上納得しているように見せても、心からうなずいてはくれないでしょう。良かれと思って言っていることが、実はパワハラになっていては、残念としか言いようがないですし、心から部下、選手を思っての行動が反感を買うとすれば、悲しい結果ではありませんか。

若い選手たちを育てようと試行錯誤していた二軍監督1年目において、実のところ精神修養のごとく育てられていたのは僕自身だったような気がします。

## 「早すぎ出勤」の迷惑な監督

遅刻が大嫌いで、早め早めが大好きな僕は、集合時間のはるか前に自主的にひとりで集合し、少しでも余裕を持とうと考えます。選手時代は試合に向けての道具の手入れや精神統一、入念なアップなど、やるべきことは山のようにあり、いくら早く球場入りしても時間が足りないほどでした。「いっそ、球場のすぐそばに住んだらええやん」と思ったこともありましたが、球場まで運転していくその時間もまた、徐々に気持ちを盛り上げるための大切なプロローグだったのです。好きな音楽を聴きながら、あれやこれやと考える時間のおかげで、家庭の中にあった自分が少しずつ戦闘モードに変化していく。この時間がなければ、球場に着いてもなお、身体中に犬の抜け毛をくっつけたまま、「おうちモード」を引きずってしまっていたことでしょう。

ちなみに出勤時のその習慣は監督になっても変わらず、２０１６年は、車の中でオフコースを聴いていました。どうやって戦闘モードを高めていたんやオレ……。

そんな僕が二軍監督になり、解説者としての3年間を経て、久しぶりに球場に出勤することになりました。試合が12時半から始まるならば、僕は何がなんでも朝7時45分には球場に着いていたい。早く入れば、それだけ充実した準備もできるし、ゆっくりとおいしいコーヒーも飲めるのです。

しかしいつの頃からか、コーチたちから、

「田口さん、明日何時に来るっすか？」

と聞かれるようになりました（話はそれますが、僕は選手からもコーチからも「監督」ではなく「田口さん」と呼ばれることが大変多いのです）。

「え？　なんで？」

と聞き返すと、

「いえ……何時に来るのかなーと思って……」

と、歯切れの悪い返事。

「朝は、8時頃やで」

と答えた僕に、コーチは神妙な顔で、

「ハイ、ありがとうございます」

とつぶやきました。

……なぜ出勤時間を毎日チェックされるんやろう？

僕はその理由がさっぱりわからず、相変わらずマイペースで球場入りし、少し早く起きた日には、たとえ前日「8時頃に行く」と宣言していても、7時40分頃に着いてしまうことだってありました。だいたい「8時頃」というのも人によっては7時45分だったり8時10分だったりとあいまいです。

ところがある日、そんな僕の行動によって、コーチ全員が大変な思いをしていたと知ったのです。

なんでも、コーチ陣は監督よりも早く球場入りして、着替えも済ませた状態で待っていなければ、という気持ちを強く持っていてくれていたようなのです。それぞれに家庭もあり、家がやけに球場から遠い人だっているのですから、僕としては、彼らが**遅刻さえしなければ、来る時間が僕より遅くたって全然気にしないし、それぞれ自分のペースでやってくれればいい、**くらいに思っていたのですが、「僕」にひとたび「監督」という肩書きがつくと、周りはどうしても気を遣ってしまうようです。

どうりで、

「明日は8時。あ、もうちょっと早いかも」

「もうちょっとって、どれくらいちょっとですか」

「うーん、まあ明日次第やけど、わからん」

などとあいまいなことを言うたびに、聞いてきたコーチが複雑な顔をしていた理由がわかりました。大変申し訳ないことをした、と反省したものです。いま思うと、「もうちょっとって、どれくらいちょっと？」のひと言が切ない。

「俺より遅く来てもいいよー」と伝えたその日、コーチたちは、「そんなわけにはいかないでしょう！」と笑いました。そうやって監督という立場に対してリスペクトを示してくれている彼らには、感謝するばかりです。けれど、穏やかに充実した心や身体で球場入りしてほしいから、最低限の時間さえ守れれば、お互いマイペースでもいいんじゃないか、と思っているのです。

## 監督になって変わったことは……

それにしても、監督、という肩書きのついたこの1年間では、球場入りの件だけでなく、自分の動きでいかに周囲が影響されるかを思い知りました。思い起こせば、春のキャンプのときに、すでにその兆候はあったのです。

僕は食べるのが普段から遅く、夕飯などは下手すると2時間以上かけて、ゆーっくりゆーっくりとってとっているため、家では大変評判が悪いのです。いつまで経っても片づけられないし、突拍子《とっぴょうし》もないタイミングで「あ、おかわり〜」などと言うので、ヨメも待機状態をキープしたまま食卓から離れられません。やることは多く、少しでも早く眠りたい主婦の立場からすれば、さぞ、迷惑なことでしょう。

僕のおかわり待ちで、ヨメがその場で居眠りしていたこともありました。だからといって、「もう寝とってもええで」と言わない僕は、冷たい夫でしょうか？　いや、せっかくのごはんだから、やっぱりヨメによそってもらって「どうぞ」と差し出されたものが食べたいのです。自分でよそいには行きたくないのです。面倒くさいのです。……ああ、本音が。ということで、「味噌汁。ちょっと熱めでね」「ごはんは茶碗に2分の1ね」などと食事開始から2時間後くらいに言うので、最近では「ごはん茶碗に2分の1で」と言うと、1杯分をよそったあと、ど真ん中から縦真っぷたつにしゃもじで切り崩して半分にしたごはんが、切り口も鮮やかに出てきます。嫌がらせでしょうか。

そんな僕が、キャンプ時に宿舎で食事をとっていたときのこと。マイペースで食べ続ける僕を目の前にして、ヨメと違って、「ええかげんにせえよ」という意思表示ができないコーチ陣は、僕が食事を終えて席を立つのを、ひたすらじーっと同席して待ち続けていたのです。たまたま、以前から気心の知れた前田大輔《だいすけ》コーチがなーんも考えずに、「お先っすー」と席を立ったとき、

「なんやー。俺まだ食っとるやないか。先に行くんか。えらなったのー」

とからかったのがきっかけで、前田コーチ以外の全員は、本当はそう言いたいのを我慢して、僕に付き合ってくれていたことを知ったのでした。

「いいから！　俺のことは気にせんでいいから！　先行っとってくれ！」

と言ったものの、

「いやいやいや、監督がまだ食べているのに席を立てないですよ！」

と、大人発言です。確かに自分が逆の立場なら、監督がまだ同じテーブルで食べている最中に、「お先っすー」と引き上げていく勇気はありません。つまり、**僕がそこに長くいればいるほど、迷惑**なのです。

それ以来、僕はちょっとだけ食べるのが速くなりました。

「監督になって、何か変わりましたか？」

と聞かれれば、間違いなく、

「食べるのが速くなりました！」

と答える気まんまんなのですが、まだ誰にも聞かれたことがありません。

ともあれ、この出来事をきっかけに、僕はコーチ全員に、「言いたいことは遠慮せず、きちんと伝えてほしい。こちらの立場に遠慮して、不自由な思いをしないでほしい」と伝えました。

監督として一番怖いのは、イエスマンに囲まれてしまうことです。日本の縦社会においては、「上にならえ」の風潮が否めません。けれど、僕たちの目的は一軍のお役に立つために選手を育成することであり、**コーチは僕に気を遣うためではなく、選手のためにここにいる**のです。なあなあにお互いを甘やかし合う仲良しグループになってしまってはいけないけれど、**僕は自分がどんな立場であっても、相手が意思をはっきりと表明できる存在でありたい**と思っています。

ちなみに二軍には監督室がなく、コーチと監督は同じ部屋で着替えをします。本来なら僕について愚痴のひとつも言い合いたいであろう彼らは、常に僕と一緒にいるがために、気遣いでへとへとになっているんやろうなあ。

と、気をもんでいたのは僕だけで、若いコーチたちは、あたかも僕が同室に存在していないかのように、「監督、もうちょっと遅く来てくれへんかなー」などと声高に言うのです。嫌がらせでしょうか。

## 弓岡コーチからの助言

時間に関して言えば、2016年の終わりから二軍育成統括コーチとして加わってくださった弓岡敬二郎コーチに、

「田口、監督ははよ帰らなアカンで」

とアドバイスをいただきました。

弓岡コーチは、オリックスの元二軍監督。阪急の名ショートとして名を馳《は》せ、僕が入団した頃の担当コーチであり、誰よりも恐ろしい存在でした。その後独立リーグの監督も務めるなど、選手としてばかりではなく、指導者経験も豊富な方です。監督という立場の難しさをよくご存知なだけに、弓さんの言葉は、いつまでーもいつまでーもグラウンドにいる僕の心に強く残りました。

そうなのです。僕は球場入りは早く、球場を出るのは遅いのです。念のためここにはっきり記しておきますが、家に帰りたくないわけではありません。けれど、**居残りの選手がいようものなら「練習に付き合ったらなアカン」と思うし、僕自身が見ていたいし、見るべきと思うわ**

けです。

しかしそれは僕の勝手な気持ちであり、いつまでも僕がいることを、コーチたちはどう感じているのでしょう。

コーチたちはチームの構成上、僕の配下にありますが、それすなわち僕の意思を全部何も考えずに踏襲《とうしゅう》する、ということではありません。僕よりずっと指導者経験の豊富なコーチもたくさんいるし、それぞれがそれぞれの教え方、セオリー、ポリシーを持って指導にあたっているのです。

しかし、ひとたび僕がその場にいるとなれば、選手に声をかけたり動きをチェックしたりするたびに、いちいち監督である僕の意思を確認したり、様子をうかがいながら指導をしなければならず、「自分の色を出してコーチングする」ということがしづらくなるでしょう。弓さんは、それを危惧《きぐ》してくださったのでした。

もともと僕は、なんでもかんでも自分が全部把握していなければ気が済まず、報告されるのを待つよりも、「自分が見に行ったほうが早いでー」と思ってしまうタイプです。相手への信用うんぬんではなく、単純に、自分の目でちゃんと見ておきたい、知っておきたい、という気持ちになるのです。けれど、「見ておかないと不安」という思いはあれど、**僕ひとりで、全部の状況を同時に見守るのは、物理的に無理**なのです。たぶん「ここは彼に」「あっちは彼に」

と、コーチ一人ひとりにすべてを委ねて、彼らからの報告をもとにチームを率いていく、という度胸がなかったのでしょう。

弓さんからアドバイスをいただいたあとしばらく、僕はあえて練習中にグラウンドの遠くからチームを見守ってみることにしました。するとやはり、うるさいボスのいないほうが、コーチたちが生き生きと動きまわっているような気がしたのです。僕の一言一言に惑わされず、**自分の言葉で、自分の思いで選手と向き合うこと**ができる。その時間がなければ、コーチはみな、僕のコピーロボットになってしまいかねません。選手を育てることが二軍の目的のひとつではありますが、コーチにとっても、そして、僕にとっても、二軍は指導者として成長していくための場所なのです。

「わかりました。弓さん、じゃあ僕も早く帰りますから、弓さんも一緒に帰りましょ」

「俺はそんなわけにいかんよ！」

ということで、弓さんが帰らないから僕もまだまだ帰りません。いまは球場の片隅で、できる限りそーっと、コーチや選手を見守っているのです。

## 監督には「瞬発力」が必要

いつまでもグラウンドにいることで、かえってほかのコーチの指導の妨げになりかねない、と学んだ僕には、もうひとつ改善しなければならないことがありました。今年の年頭にもし書《か》き初《ぞ》めをしていたならば、所信表明として、きっとこう書いたことでしょう。

「鉄仮面」

いや、もしかしたら、

「無表情」

やろうか。まんますぎるかな。

二軍監督の1年目を振り返って一番の反省は？

こう聞かれた僕がつくづく思ったのは、とにかく「瞬発力のなさ」でした。瞬発力といっても、飛んだり跳ねたりではないのです。瞬時に物事を判断して動く、頭の瞬発力。状況に応じた選手の起用やサインなど、決断をしなければならないときに、あれこれ考えすぎてしまう。ここを今季は改善していかなければならないと思うのです。

いったい何が、僕の瞬発力のなさにつながったのか。

まず第一に、考え込みすぎる、という部分でしょう。

試合は決して止められません。その流れの中にあって、サインを出さなければならないというのに、

「いまここでこういうサインを出したらどうなるか」

「この選手に過去このサインを出したことがあったか。その場合、結果はどうだったか」
「この選手にこのサインを出すことが、彼の成長につながるか否か」
「一軍は、この選手にこのサインを出すという方向性を求めているか」
などなどなど考え込んでしまうのです。これらを時間にして数秒内に考慮し、決断しなければならないというのに、あれやこれやと考えすぎていた僕の判断の遅さは、おおいに反省すべき点なのです。

ベテランの監督さんは、これらを一瞬で判断できんねんなあ、すごいなあ、と、改めて己の経験値の低さを思い知ったのでした。

たとえその決断が間違っていたとしても、自分の直感を信じてリズムを崩さぬようサインを出す。優柔不断は、ダメ、絶対。ということで、2017年のシーズンは、即決を目標にやっていくつもりです。

そのために一番気をつけなければいけないのが、第二の反省。

「いちいち喜ばない」

二軍監督としての最初のシーズン、僕は試合に入り込みすぎていました。誰かがタイムリーヒットを打てば、イエーイ！　と大喜びしてランナーを出迎えてはしゃいでいたのです。僕がハイタッチなどをしているその間にも当然試合は進んでおり、ふと見れば次のバッターはすでに打席に入り、コーチが「早く指示を」というように、こちらに向かって手を上げていたことがありました。

おまえはしろうとか！　喜んでる場合ちゃうやろが！

木を見て森を見ず、とまではいかないにしても、こと試合中に関しては、全体よりもピンポイントでの視点が多かったように思います。

監督は忙しく、都度都度感情をあらわにしている暇はないのだと思い知りました。うれしかった。うれしかったんだけれども！

だから鉄仮面です。だから無表情なのです。

ワンシーンに入れ込まず、心は燃えていても全体を淡々と見渡していける、そんな精神を培っていかなければ。

二軍監督1年目は、成果よりも課題が山積したシーズンでした。

今年、どちらがどれくらい成長してみせるのか？　選手たちと僕との競争はまさに始まったばかりです。

# おわりに

世の中の多くの女性がそうであるように、うちのヨメは口癖のように、

「あー、やせなくちゃー」

とつぶやきます。そんなことをモリモリ食べながらつぶやかれてもまったく説得力がないのですが、「やせなくちゃー」を1回言うと、気分的に10グラムくらい減る、というシステムなのかもしれません。先日は僕に、

「やせるためのトレーニングメニュー作ってくれる？」

と聞いてきました。

我が家には、ありとあらゆるトレーニング機器が揃っています。やる気さえあればたいていのことはできるのですが、僕が引退したあとはただ場所を取るだけのオブジェと化していて、ときどきその上に布団が干されています。かなり厳しい運動部出身である彼女は、正しい使い方など百も承知のはず。けれど、自分を律して体脂肪に向き合う気持ちはさらさらなく、僕が「ハイ、これやって」と渡してくれればなんとか頑張れるかも、というスタンスなのです。も

うこの時点で本気が見えません。

けれどそれを言ってしまったら紛争になるし必ず負けるので、燃焼系を中心としたメニューを考案したところ、

「えっ？　こんなにきついの無理」

と一発却下です。

「できるやろ！　これくらいできて当たり前やで」

この「当たり前」が、彼女をさらに刺激しました。

「腐っても、元プロ野球選手、にとっては当たり前でも、50過ぎた運動してない主婦には無理」

……だったら俺にお願いするな！　あと、まだ腐っとらんわ！（心の声）

というくらい理不尽な先日の出来事を、突然思い出してため息をつく宮崎の夜。しかし、ひとつだけ勉強にはなったのです。僕にとって「当たり前」と思っていることが、必ずしも当たり前ではない、という事実。指導者としての「当たり前」が、選手にとってそうとは限らない、ということを、常に心に置いておかなければなりません。

この本を書くにあたってお世話になったたくさんの方々。球団や関係者のみなさん。家族や友人。列挙すべき名前はたくさんあれど、「2軍監督　田口壮！」を構成してくださっている

日経新聞の常廣文太《つねひろぶんた》さん、そして、幻冬舎の藤原将子《ふじわらまさこ》さんには、特にこの場をお借りしてお礼を申し上げます。

藤原さんは見た目たおやかな色白の秋田美人。しかし見た目と裏腹に、柔道家として地元で名を馳せた人なのです。うっかりすると投げられてしまうのです。趣味や健康のためではなく、競技者として本気のスポーツをやっていた彼女ですが、野球のことはあまりご存知ない。しかし一緒に本作りの作業を進める中で、さすがの競技者目線というか、スポーツマインドというか、質問や疑問点への踏み込み具合が大変な切れ味で、何度「一本！」を取られたかわかりません。その中で常に、僕にとって、野球人にとって当たり前のことが、藤原さん、つまり、野球をやっていない人にとっては当たり前ではない、ということに、改めて気づかされたのでした。

ヨメのダイエットはともかく、「当たり前」という思い込みは、もしかしたらあちこちで自分の伸びしろや思いやりの邪魔をしているのかもしれません。だからこの本は、僕の中にある「野球の当たり前」をできうる限り前提とせず書かれています。

二軍という組織は表に出ることが大変少なく、それゆえに魅力も伝わりにくいだけに、一度「なんだかわからない」となったら最後、二度と振り向いてもらえない、という不安がありま す。だからこそ、はじめて指導者として船出した僕の失敗や反省の中から、ひとりでも多くの方が、ほんの少しでもいい、二軍に興味を持つきっかけを見つけてくだされば、こんなにうれしいことはありません。

みなさまにグラウンドでお会いすることを楽しみにしております。

２０１７年　春のキャンプ地、宮崎にて

田口壮

本書は第四章（日経新聞電子版連載「2軍監督　田口壮！」２０１６年1月31日～12月18日掲載分を加筆・修正したもの）を除き、書き下ろしです。

## 著者略歴

### 田口　壮《たぐちそう》

1969年生まれ、兵庫県西宮市出身。関西学院大学時代に通算123安打のリーグ記録を樹立。この記録は現在でも破られていない。91年、ドラフト1位でオリックス・ブルーウェーブに入団し、95年、96年のリーグ連覇（96年は日本一）に貢献した。ゴールデン・グラブ賞5度、ベストナイン1度を獲得。2002年FA宣言でメジャーリーグ、セントルイス・カージナルスに入団。6年間在籍したのち、フィラデルフィア・フィリーズ、シカゴ・カブスでプレーした。メジャー通算8年間で、ワールドシリーズに3度出場し、06年（セントルイス）、08年（フィラデルフィア）にはワールドチャンピオンに輝く。10年、日本球界に復帰後、肩の手術を経て12年に引退を表明。NHKの野球解説者として3年間を過ごしたのち、16年から古巣オリックス・バファローズで二軍監督を務めている。現在日経新聞電子版にて「2軍監督　田口壮!」、ほぼ日刊イトイ新聞にて「はじめての二軍監督」を連載中。著書に『何苦楚日記』（主婦と生活社）、『タグバナ。』（世界文化社）、『脇役力』（PHP新書）、『野球と余談とベースボール』（マイナビ新書）、『田口壮の少年野球コーチング』（学研パブリッシング）がある。趣味は料理と釣り。

幻冬舎新書 451

# プロ野球・二軍の謎

二〇一七年三月三十日 第一刷発行
二〇一七年四月 十 日 第二刷発行

著者 田口 壮

発行人 見城 徹
編集人 志儀保博
発行所 株式会社 幻冬舎
〒一五一―〇〇五一 東京都渋谷区千駄ヶ谷四―九―七
電話 〇三―五四一一―六二一一(編集)
〇三―五四一一―六二二二(営業)
振替 〇〇一二〇―八―七六七六四三
ブックデザイン 鈴木成一デザイン室
印刷・製本所 株式会社 光邦



Printed in Japan ISBN978-4-344-98452-3 C0295
た-21-1
幻冬舎ホームページアドレス http://www.gentosha.co.jp/
*この本に関するご意見・ご感想をメールでお寄せいただく場合は、comment@gentosha.co.jp まで。

# 幻冬舎新書

井口資仁
## 二塁手論
現代野球で最も複雑で難しいポジション

見栄えに拘っているうちは一流にはなれない。視点を変えて目標を細分化し、地味な結果をひとつひとつ積み上げていくことが、実は成功への最短距離なのだ。目から鱗の成功バイブル！

岡田彰布
## 動くが負け
0勝144敗から考える監督論

決して自分から先には仕掛けず、相手の作戦を察知してから采配を振るう。勝つためには常に最悪の展開を想定し、「完璧な準備」をしておけばいい。マイナス思考でプラスの結果を引き出す、究極の戦術。

王貞治　岡田武史
## 人生で本当に大切なこと
壁にぶつかっている君たちへ

野球とサッカーで日本を代表する二人は困難をいかに乗り越えてきたのか。「成長のため怒りや悔しさを抑えるな」など、プレッシャーに打ち克ち、結果を残してきた裏に共通する信念を紹介。

中村俊輔
## 察知力

自分より身体能力の高い選手と戦うには、相手より先に動き出すこと。それには、瞬時に状況判断をして正解を導く「察知力」が必須。中村俊輔はこの力を磨くために独自のサッカーノートを活用していた。

# 幻冬舎新書

生島淳
## 箱根駅伝

正月最大のイベント、箱根駅伝。往復200キロ超、11時間の行程には、監督の手腕、大学の生存戦略、日本長距離界の未来が詰まっている。大学スポーツの枠を超えた、感動の舞台裏を徹底分析。

平井伯昌
## 見抜く力
夢を叶えるコーチング

成功への指導法はひとつではない。北島康介と中村礼子の人間性を見抜き、それぞれ異なるアプローチで五輪メダリストへと導いた著者が、ビジネスにも通じる人の見抜き方、伸ばし方を指南する。

生島淳
## 箱根駅伝　新ブランド校の時代

箱根駅伝最大のスターといえる、東洋大学・柏原竜二。しかし、柏原卒業後の二〇一三年以降、大学間の実力は拮抗し、混戦の時代を迎える。駅伝戦国時代を楽しむ最新観戦術を伝授。

佐藤康光
## 長考力
1000手先を読む技術

一流棋士はなぜ、長時間にわたって集中力を保ち、深く思考し続けることができるのか。直感力や判断力の源となる「大局観」とは何か。異端の棋士が初めて記す、「深く読む」極意。

# 幻冬舎新書

## 出口治明
## 人生を面白くする本物の教養

教養とは人生を面白くするツールであり、ビジネス社会を生き抜くための最強の武器である。読書・人との出会い・旅・語学・情報収集・思考法等々、ビジネス界きっての教養人が明かす知的生産の全方法。

## 桜井章一　藤田晋
## 運を支配する

勝負に必要なのは、運をものにする思考法や習慣である。20年間無敗の雀鬼・桜井氏と、「麻雀最強位」タイトルホルダーの藤田氏が自らの体験をもとに実践的な運のつかみ方を指南。

## 森博嗣
## 孤独の価値

人はなぜ孤独を怖れるか。寂しいからだと言うが、結局つながりを求めすぎ「絆の肥満」ではないのか。本当に寂しさは悪か。――もう寂しくない。孤独を無上の発見と歓びに変える画期的人生論。

## 吉田輝幸
## 腹筋を割る技術

腹筋は単なる体の一部ではない。それは自己管理能力や向上心の表れであり「男のもうひとつの顔」である。EXILEや実業家など成功者のトレーニングを担当する著者が腹筋を割る秘訣を紹介。